미래와 통하는 책

동양북스 외국어 베스트 도서

700만 독자의 선택!

일본어뱅크

베이스 일본어 STEP 1

초보 탈출 4주 완성 프로젝트!

김도겸 · 정희순 · 박승주 · 다카하시 미츠히로 · 무카이 히로요시 · 이누미야 요시유키 지음
하야시 요코 감수

동양북스

베이스 일본어 STEP 1

초판 4쇄 | 2023년 9월 1일

지은이 | 김도겸 · 정희순 · 박승주 · 다카하시 미츠히로 · 무카이 히로요시 · 이누미야 요시유키
원어민 감수 | 하야시 요코
발행인 | 김태웅
책임 편집 | 길혜진, 이선민
디자인 | 남은혜, 김지혜
마케팅 | 나재승
제 작 | 현대순

발행처 | (주)동양북스
등 록 | 제 2014-000055호
주 소 | 서울시 마포구 동교로22길 14 (04030)
구입 문의 | 전화 (02)337-1737 팩스 (02)334-6624
내용 문의 | 전화 (02)337-1762 dybooks2@gmail.com

ISBN 979-11-5768-304-8 14730
979-11-5768-303-1 (세트)

이 도서의 국립중앙도서관 출판예정도서목록(CIP)은 서지정보유통지원시스템 홈페이지(http://seoji.go.kr)와
국가자료공동목록시스템(http://www.nl.go.kr/kolisnet)에서 이용하실 수 있습니다.
(CIP제어번호:2017028339)

머리말

「**베이시스 일본어**」는 기존의 '실질적인 기초 일본어를 정확하고 심플하게 마스터'하는 것을 목표로 만든 교재입니다. '일본어 기초'라고 하면 어떤 강좌나 교재에서도 동일하게 적용되어 왔던 관습적인 구성이 있었습니다. 이 책은 학습자의 실제 단계에 맞지 않는 표현까지 다루어야 했던 기존 교재의 오래된 관념에서 벗어나고자 합니다. '교재'를 위한 구성이 아니라, 일본어를 말하고 듣고 쓰는 데에 있어서 가장 심플하고 실질적인 '일본어'를 위한 구성으로 다음 세 가지에 중점을 두고 만들어진 책입니다.

1. 책에 있는 예문을 **실제 상황**에 그대로 대입했을 때 자연스러운가.

2. 주어진 상황에서 '만들어낸' 작문을 발화하는 것이 아니라, **습관화된 '반응'**이 튀어나올 수 있도록 연습할 수 있는 책인가.

3. 이 교재와 수업으로 학습이 완료되었을 때, **JLPT/JPT**와 같은 일본어 시험 준비 과정 또는 **독해**, **작문**, **회화** 등 **다음 단계의 학습**으로 도약할 수 있는 수준이 갖추어지는가.

이 책으로 일본어를 처음 시작하는 분들은 물론이고, 다시 새로운 마음으로 일본어를 마스터하고자 하는 분들에게도 가장 확실하고 쉬운 현실적 솔루션이 되기를 기대합니다.
첫 페이지를 열었을 때의 마음부터, 원하는 목표에 발을 딛는 순간까지 여러분의 모든 발자국을 응원하겠습니다.

저자 드림

이 책의 구성 및 특징

본책

CHAPTER 02
よろしく お願いします。

▸▸▸ 들어가기

각 CHAPTER의 본문에서 배울 내용들을 간단히 소개합니다. 학습 목표와 포인트를 보며 그 날의 학습을 준비할 수 있습니다.

회화술술
A こんにちは。
B こんにちは。
A では、また。
B じゃ、また。
A おめでとうございます。
B ありがとうございます。
A すみません。
B いいえ。

▸▸▸ 회화술술

각 CHAPTER의 포인트가 담긴 기본적인 회화 표현을 학습합니다. 기본적이면서도 자연스러운 회화 표현을 통해 일본어 기초 문장을 익힐 수 있습니다.

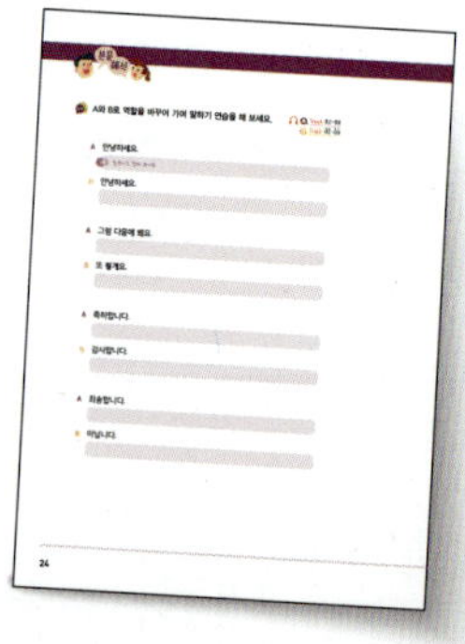

▸▸▸ 본문해석

'회화술술'의 해석을 활용하여 말하기 연습을 할 수 있습니다. 다른 학습자와 함께 A와 B로 역할을 바꾸어 가며 말하거나, A와 B로 각각 녹음된 원어민 음성을 활용하여 섀도우 스피킹 연습을 할 수도 있습니다.

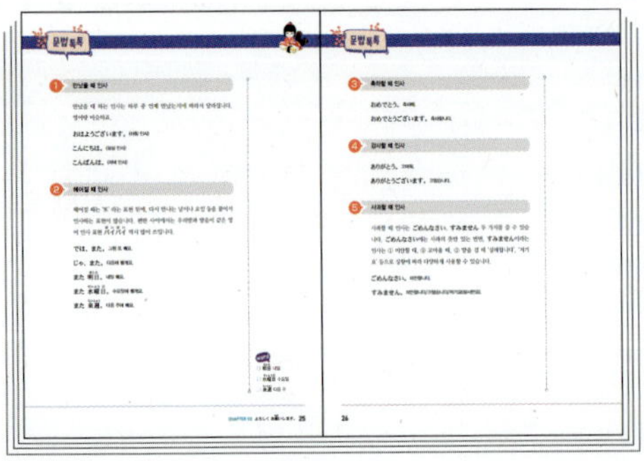
문법톡톡

▸▸▸ 문법톡톡

각 CHAPTER에서 학습할 문형 포인트를 항목별로 학습합니다. 다양한 예문을 통해 실제적인 응용 표현을 익히고, 제시된 팁을 통해 더 자연스러운 발화 표현을 익힐 수 있습니다.

▸▸▸ 패턴콕콕

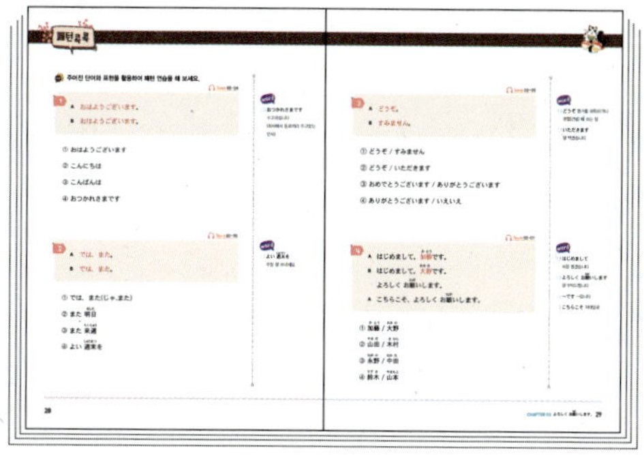

각 CHAPTER의 '문법톡톡'에 나온 표현과 예문을 바탕으로 말하기 연습을 할 수 있습니다. 각 CHAPTER의 핵심 문형을 응용한 다양한 문장들을 말해 보면서 문형을 제대로 이해했는지 확인할 수 있으며, 실질적이고 활용도가 높은 단어가 제시되어 있어 보다 자연스러운 회화를 구사할 수 있습니다.

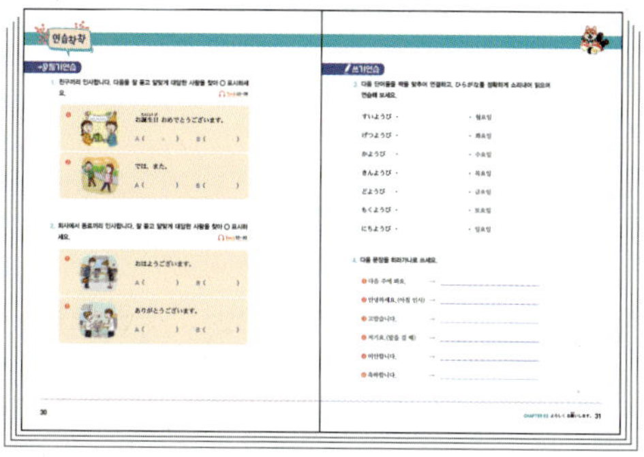

▸▸▸ 연습착착

'듣기연습'에서는 제시되는 문장을 집중해서 듣고 풀이하는 과정을 통해 일본어를 듣고 이해하는 능력을 키울 수 있습니다. '쓰기연습'에서는 앞에서 학습한 문형을 직접 써 보는 과정을 통해 각 CHAPTER의 문형을 최종적으로 익히고, 응용력을 함께 키울 수 있습니다.

별책

실력 UP 노트

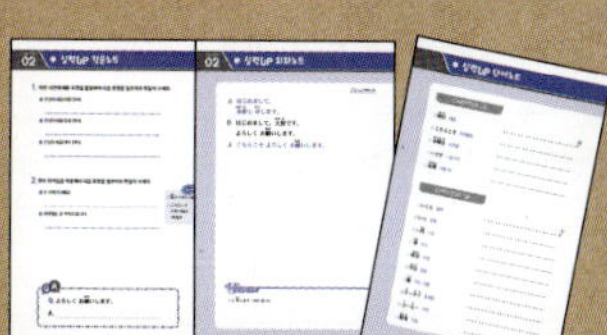

'말하기'. '듣기', '쓰기' 실력을 쌓기 위한 워크북입니다. '작문노트'에서는 연습 단계를 4단계로 나누어 점진적으로 작문 연습을 할 수 있습니다. '회화노트'에서는 학습 문형과 연관되면서도 활용도가 높은 경어 표현을 제시하여 비즈니스 회화 표현을 익힐 수 있습니다. '단어노트'에서는 각 CHAPTER별 단어를 복습할 수 있어, 어휘력을 탄탄히 다질 수 있습니다.

MP3

이 책의 본책과 별책 음성 MP3 파일은 동양북스 홈페이지(www.dongyangbooks.com) [도서자료실]에서 다운로드할 수 있습니다.

차 례

부록

CHAPTER 01

일본어의 문자와 발음

학습 목표

일본어의 기본 문자를 익히고 일본어 발음의 원리를 이해한다.

포인트

① 히라가나 50음표
② 히라가나 청음/탁음/반탁음
③ 히라가나 요음/촉음
④ 히라가나 장음/발음
⑤ 가타카나 50음표
⑥ 가타카나 탁음/반탁음/요음

히라가나

우리가 앞으로 읽게 될 일본어의 문자는 **히라가나, 가타카나, 한자** 이렇게 세 가지가 있습니다. **한자**는 처음에는 생소하게 느껴질 수 있지만, 회화 패턴과 문장을 반복해서 보면 금방 익숙해집니다. 또한 **가타카나**는 외래어를 표기하기 위한 문자입니다. **히라가나**는 지금부터 배우게 될 가장 기본이 되는 문자입니다. 일본 서점에 가 봐도 **한자**나 **가타카나**로만 써진 책은 없지만 **히라가나**로만 써진 책은 아동용 서적 코너에서 쉽게 찾을 수 있어요. 우리 책에서는 바로 이 **히라가나**를 먼저 익히도록 하겠습니다.

1 히라가나 50음표

Track 01-01

	あ단	い단	う단	え단	お단
あ행	あ [a]	い [i]	う [u]	え [e]	お [o]
か행	か [ka]	き [ki]	く [ku]	け [ke]	こ [ko]
さ행	さ [sa]	し [si]	す [su]	せ [se]	そ [so]
た행	た [ta]	ち [chi]	つ [tsu]	て [te]	と [to]
な행	な [na]	に [ni]	ぬ [nu]	ね [ne]	の [no]
は행	は [ha]	ひ [hi]	ふ [hu]	へ [he]	ほ [ho]
ま행	ま [ma]	み [mi]	む [mu]	め [me]	も [mo]
や행	や [ya]		ゆ [yu]		よ [yo]
ら행	ら [ra]	り [ri]	る [ru]	れ [re]	ろ [ro]
わ행	わ [wa]				を [o]
					ん [m/n]

2 청음(清音[せいおん])

청음(清音[せいおん])은 글자 그대로, 아무것도 건드리지 않은 있는 그대로의 소리를 뜻합니다.

Track 01-02

あ행				
あ	い	う	え	お
[a]	[i]	[u]	[e]	[o]

Track 01-03

か행				
か	き	く	け	こ
[ka]	[ki]	[ku]	[ke]	[ko]

Track 01-04

さ행				
さ	し	す	せ	そ
[sa]	[si]	[su]	[se]	[so]

Track 01-05

た 행				
た	ち	つ	て	と
[ta]	[chi]	[tsu]	[te]	[to]

Track 01-06

な 행				
な	に	ぬ	ね	の
[na]	[ni]	[nu]	[ne]	[no]

Track 01-07

は 행				
は	ひ	ふ	へ	ほ
[ha]	[hi]	[hu]	[he]	[ho]

Track 01-08

ま 행				
ま	み	む	め	も
[ma]	[mi]	[mu]	[me]	[mo]

Track 01-09

や행				
や		ゆ		よ
[ya]		[yu]		[yo]

Track 01-10

ら행				
ら	り	る	れ	ろ
[ra]	[ri]	[ru]	[re]	[ro]

Track 01-11

わ행				
わ				を
[wa]				[o]

				ん
				[m/n]

3 탁음(濁音)

탁음(濁音)은 か행, さ행, た행, は행 글자의 오른쪽 상단에 탁음 부호 (゛)가 붙은 글자로 탁음 부호를 붙이면 발음이 달라집니다.

Track 01-12

が행

が	ぎ	ぐ	げ	ご
[ga]	[gi]	[gu]	[ge]	[go]

Track 01-13

ざ행

ざ	じ	ず	ぜ	ぞ
[za]	[ji]	[zu]	[ze]	[zo]

Track 01-14

だ행

だ	ぢ	づ	で	ど
[da]	[ji]	[zu]	[de]	[do]

Track 01-15

ば행				
ば	び	ぶ	べ	ぼ
[ba]	[bi]	[bu]	[be]	[bo]

4 반탁음(半濁音)

はんだくおん

は행 글자는 오른쪽 상단에 반탁음 부호 (°)를 붙이면 또 한번 발음이 달라집니다.

Track 01-16

ぱ행				
ぱ	ぴ	ぷ	ぺ	ぽ
[pa]	[pi]	[pu]	[pe]	[po]

※ 청음/탁음/반탁음 발음 비교

Track 01-17

청음	탁음	반탁음	청음	탁음	반탁음
は	ば	ぱ	ほ	ぼ	ぽ
[ha]	[ba]	[pa]	[ho]	[bo]	[po]

5 요음(拗音)

い단 글자 오른쪽 아래에 や, ゆ, よ를 작게 붙여 쓰면, 아래와 같은 발음이 됩니다.

※ 글자는 두 개지만 1음절로 발음하는 것에 주의합니다.

Track 01-18

きゃ [kya]	きゅ [kyu]	きょ [kyo]
ぎゃ [gya]	ぎゅ [gyu]	ぎょ [gyo]
しゃ [sha]	しゅ [shu]	しょ [sho]
じゃ [ja]	じゅ [ju]	じょ [jo]
ちゃ [cha]	ちゅ [chu]	ちょ [cho]
ぢゃ [ja]	ぢゅ [ju]	ぢょ [jo]
にゃ [nya]	にゅ [nyu]	にょ [nyo]
ひゃ [hya]	ひゅ [hyu]	ひょ [hyo]
びゃ [bya]	びゅ [byu]	びょ [byo]
ぴゃ [pya]	ぴゅ [pyu]	ぴょ [pyo]
みゃ [mya]	みゅ [myu]	みょ [myo]
りゃ [rya]	りゅ [ryu]	りょ [ryo]

※ **や, ゆ, よ**를 붙여 쓸 때는 반드시 작게 씁니다. 다른 글자와 같은 크기로 써 버리면 음절이 달라집니다.

Track 01-19

しゃ [sha]	しや [si ya]
ちゃ [cha]	ちや [chi ya]
にゅ [nyu]	にゆ [ni yu]
みょ [myo]	みよ [mi yo]

6 촉음(促音)

そくおん

つ를 작게 표기하면 뒤에 오는 글자 앞에서 한 번 힘을 주었다가 터뜨리는 발음이 됩니다. 글자는 작지만 제대로 한 음절의 길이를 가집니다.

Track 01-20

っ+か 행	みか [mika]	みっか [mik-ka]
っ+さ 행	ざし [zasi]	ざっし [zas-si]
っ+た 행	おと [oto]	おっと [ot-to]
っ+ぱ 행	きぷ [kipu]	きっぷ [kip-pu]

7 장음(長音)

장음은 ひらがな의 모음에 해당하는 あ, い, う, え, お가 붙어서 길어지는 소리입니다. 장단음에 따라서 단어의 의미가 바뀌기 때문에 정확하게 구별하여 발음하는 연습을 합시다.

Track 01-21

あ단+あ	[a:]	おばさん [obasan] 아주머니 vs おばあさん [oba:san] 할머니
い단+い	[i:]	おじさん [ojisan] 아저씨 vs おじいさん [oji:san] 할아버지
う단+う	[u:]	ゆき [yuki] 눈 vs ゆうき [yu:ki] 용기
え단+え,い	[e:]	ゆめ [yume] 꿈 vs ゆうめい [yu:me:] 유명
お단+お,う	[o:]	ここ [koko] 여기 vs こうこう [ko:ko:] 고등학교

8 발음(撥音)

발음(撥音) ん은 앞 글자의 받침처럼 발음합니다. 이때, 뒤에 오는 글자에 따라 발음이 달라집니다.

Track 01-22

ん+か・が행	[ŋ]	にほんご 일본어
ん+さ・ざ・た・だ・な・ら행	[n]	ほんとう 정말, 진짜
ん+ま・ば・ぱ행	[m]	てんぷら 튀김(요리)
ん+あ・は・や・わ행	[N]	でんわ 전화

가타카나

1 가타카나 50음표

한자의 일부를 차용해서 만든 글자로 외래어, 전보문, 의성어 · 의태어, 동 · 식물의 이름 표기, 특별히 강조할 필요가 있을 경우 등에 사용합니다. 일본어의 외래어는 그 발음이 원어(原語)와 다른 경우가 많으므로 주의해야 합니다. 일본인에게 원어의 발음대로 하면 통하지 않는 경우가 많으므로, 일본식 발음을 철저히 익혀야 원활한 의사소통이 가능합니다.

Track 01-23

	ア단	イ단	ウ단	エ단	オ단
ア행	ア [a]	イ [i]	ウ [u]	エ [e]	オ [o]
カ행	カ [ka]	キ [ki]	ク [ku]	ケ [ke]	コ [ko]
サ행	サ [sa]	シ [si]	ス [su]	セ [se]	ソ [so]
タ행	タ [ta]	チ [chi]	ツ [tsu]	テ [te]	ト [to]
ナ행	ナ [na]	ニ [ni]	ヌ [nu]	ネ [ne]	ノ [no]
ハ행	ハ [ha]	ヒ [hi]	フ [hu]	ヘ [he]	ホ [ho]
マ행	マ [ma]	ミ [mi]	ム [mu]	メ [me]	モ [mo]
ヤ행	ヤ [ya]		ユ [yu]		ヨ [yo]
ラ행	ラ [ra]	リ [ri]	ル [ru]	レ [re]	ロ [ro]
ワ행	ワ [wa]				ヲ [o]
					ン [m/n]

2 가타카나 탁음(濁音)과 반탁음(半濁音)

Track 01-24

ガ [ga]	ギ [gi]	グ [gu]	ゲ [ge]	ゴ [go]
ザ [za]	ジ [ji]	ズ [zu]	ゼ [ze]	ゾ [zo]
ダ [da]	ヂ [ji]	ヅ [zu]	デ [de]	ド [do]
バ [ba]	ビ [bi]	ブ [bu]	ベ [be]	ボ [bo]
パ [pa]	ピ [pi]	プ [pu]	ペ [pe]	ポ [po]

3 가타카나 요음(拗音)

Track 01-25

キャ [kya]	キュ [kyu]	キョ [kyo]
ギャ [gya]	ギュ [gyu]	ギョ [gyo]
シャ [sha]	シュ [shu]	ショ [sho]
ジャ [ja]	ジュ [ju]	ジョ [jo]
チャ [cha]	チュ [chu]	チョ [cho]
ヂャ [ja]	ヂュ [ju]	ヂョ [jo]
ニャ [nya]	ニュ [nyu]	ニョ [nyo]
ヒャ [hya]	ヒュ [hyu]	ヒョ [hyo]
ビャ [bya]	ビュ [byu]	ビョ [byo]
ピャ [pya]	ピュ [pyu]	ピョ [pyo]
ミャ [mya]	ミュ [myu]	ミョ [myo]
リャ [rya]	リュ [ryu]	リョ [ryo]

ひらがな 미니 테스트

	あ단	い단	う단	え단	お단
あ행	[a]	[i]	[u]	[e]	[o]
か행	[ka]	[ki]	[ku]	[ke]	[ko]
さ행	[sa]	[si]	[su]	[se]	[so]
た행	[ta]	[chi]	[tsu]	[te]	[to]
な행	[na]	[ni]	[nu]	[ne]	[no]
は행	[ha]	[hi]	[hu]	[he]	[ho]
ま행	[ma]	[mi]	[mu]	[me]	[mo]
や행	[ya]		[yu]		[yo]
ら행	[ra]	[ri]	[ru]	[re]	[ro]
わ행	[wa]				[o]
					[m/n]

ひらがな 읽기 연습

Track 01-26

かばん 가방

にほんじん 일본인

ほん 책

かんこくじん 한국인

ざっし 잡지

がいこくじん 외국인

きょうしつ 교실

えいご 영어

にほんご 일본어

わたし 나, 저

せんせい 선생님

たんじょうび 생일

かいしゃいん
회사원

じゅぎょう 수업

CHAPTER 02

よろしく お願(ねが)いします。

잘 부탁드립니다.

학습 목표

일본어로 인사할 수 있다.

포인트

① 만났을 때 인사
② 헤어질 때 인사
③ 축하할 때 인사
④ 감사할 때 인사
⑤ 사과할 때 인사
⑥ 요일 표현

☑ **복습** 다음 단어를 읽을 수 있는지 확인해 보세요.

- □ かいしゃいん
- □ せんせい
- □ みっか
- □ たんじょうび

회화술술

Track 02-01

A こんにちは。

B こんにちは。

A では、また。

B じゃ、また。

A おめでとうございます。

B ありがとうございます。

A すみません。

B いえいえ。

본문 해석

A와 B로 역할을 바꾸어 가며 말하기 연습을 해 보세요.

A Track 02-02
B Track 02-03

A 안녕하세요.

일본어로 말해 보세요.

B 안녕하세요.

A 그럼 다음에 봬요.

B 또 뵐게요.

A 축하합니다.

B 감사합니다.

A 죄송합니다.

B 아닙니다.

문법톡톡

1 만났을 때 인사

만났을 때 하는 인사는 하루 중 언제 만났는지에 따라서 달라집니다. 영어랑 비슷하죠.

おはようございます。 (아침 인사)

こんにちは。 (점심 인사)

こんばんは。 (저녁 인사)

2 헤어질 때 인사

헤어질 때는 '또' 라는 표현 뒤에, 다시 만나는 날이나 요일 등을 붙여서 인사하는 표현이 많습니다. 편한 사이에서는 우리말과 발음이 같은 영어 인사 표현 バイバイ(ばいばい) 역시 많이 쓰입니다.

では、また。 그럼 또 봬요.

じゃ、また。 다음에 뵐게요.

また 明日(あした)。 내일 봬요.

また 水曜日(すいようび)。 수요일에 뵐게요.

また 来週(らいしゅう)。 다음 주에 봬요.

word

- □ 明日(あした) 내일
- □ 水曜日(すいようび) 수요일
- □ 来週(らいしゅう) 다음 주

3 축하할 때 인사

おめでとう。축하해.

おめでとうございます。축하합니다.

4 감사할 때 인사

ありがとう。고마워.

ありがとうございます。고맙습니다.

5 사과할 때 인사

사과할 때 인사는 **ごめんなさい**, **すみません** 두 가지를 쓸 수 있습니다. **ごめんなさい**에는 사과의 뜻만 있는 반면, **すみません**이라는 인사는 ① 미안할 때, ② 고마울 때, ③ 말을 걸 때 '실례합니다', '저기요' 등으로 상황에 따라 다양하게 사용할 수 있습니다.

ごめんなさい。미안합니다.

すみません。미안합니다/고맙습니다/저기요(잠시만요).

6 요일 표현

월요일	화요일	수요일	목요일	금요일	토요일	일요일
月曜日(げつようび)	火曜日(かようび)	水曜日(すいようび)	木曜日(もくようび)	金曜日(きんようび)	土曜日(どようび)	日曜日(にちようび)

요일을 읽는 방법에는 다음과 같은 방법도 있습니다.

月水金(げっすいきん) 월수금

火木金(かもくきん) 화목금

土日(どにち) 토일

Tip 요일과 함께 참고로 알아 두면 좋은 단어들

平日(へいじつ) 평일　　週末(しゅうまつ) 주말

祝日(しゅくじつ) 축일, 공휴일　　連休(れんきゅう) 연휴

패턴콕콕

주어진 단어와 표현을 활용하여 패턴 연습을 해 보세요.

Track 02-04

1

A おはようございます。

B おはようございます。

① おはようございます

② こんにちは

③ こんばんは

④ おつかれさまです

word

□ おつかれさまです
수고하십니다
(회사에서 동료끼리 주고받는 인사)

Track 02-05

2

A では、また。

B では、また。

① では、また(じゃ、また)

② また 明日(あした)

③ また 来週(らいしゅう)

④ よい 週末(しゅうまつ)を

word

□ よい 週末(しゅうまつ)を
주말 잘 보내세요

Track 02-06

3

A どうぞ。

B すみません。

① どうぞ / すみません

② どうぞ / いただきます

③ おめでとうございます / ありがとうございます

④ ありがとうございます / いえいえ

word

□ どうぞ 뭔가를 허락하거나 권할(건넬) 때 쓰는 말

□ いただきます 잘 먹겠습니다

Track 02-07

4

A はじめまして。加藤(かとう)です。

B はじめまして。大野(おおの)です。

よろしく お願(ねが)いします。

A こちらこそ、よろしく お願(ねが)いします。

① 加藤(かとう) / 大野(おおの)

② 山田(やまだ) / 木村(きむら)

③ 永野(ながの) / 中田(なかた)

④ 鈴木(すずき) / 山本(やまもと)

word

□ はじめまして 처음 뵙겠습니다

□ よろしく お願(ねが)いします 잘 부탁드립니다

□ ～です ～입니다

□ こちらこそ 저야말로

연습착착

듣기연습

1. 친구끼리 인사합니다. 다음을 잘 듣고 알맞게 대답한 사람을 찾아 ○ 표시하세요. Track 02-08

❶ 

お誕生日(たんじょうび) おめでとうございます。

A (　　　　　)　　B (　　　　　)

❷ 

では、また。

A (　　　　　)　　B (　　　　　)

2. 회사에서 동료끼리 인사합니다. 잘 듣고 알맞게 대답한 사람을 찾아 ○ 표시하세요. Track 02-09

❶ 

おはようございます。

A (　　　　　)　　B (　　　　　)

❷ 

ありがとうございます。

A (　　　　　)　　B (　　　　　)

쓰기연습

3. 다음 단어들을 짝을 맞추어 연결하고, ひらがな를 정확하게 소리내어 읽으며 연습해 보세요.

すいようび ·	· 월요일
げつようび ·	· 화요일
かようび ·	· 수요일
きんようび ·	· 목요일
どようび ·	· 금요일
もくようび ·	· 토요일
にちようび ·	· 일요일

4. 다음 문장을 히라가나로 쓰세요.

❶ 다음 주에 봐요. → ______________________

❷ 안녕하세요.(아침 인사) → ______________________

❸ 고맙습니다. → ______________________

❹ 저기요.(말을 걸 때) → ______________________

❺ 미안합니다. → ______________________

❻ 축하합니다. → ______________________

CHAPTER 03

誰の ケータイですか。

누구 휴대폰이에요?

학습 목표

명사를 긍정문과 부정문으로 서술할 수 있다.

일본어로 날짜를 말할 수 있다.

포인트

① 명사의 긍정과 부정

② 일본어 조사 の

③ 날짜 읽기(월, 일)

④ 지시대명사

☑ **복습** 다음 문장을 일본어로 말해 보세요.

☐ 안녕하세요. (아침 인사)

☐ 그럼 또 봬요.

☐ 처음 뵙겠습니다.

☐ 잘 부탁드립니다.

회화술술

Track 03-01

A 今日(きょう)は 何曜日(なんようび)ですか。

B 火曜日(かようび)です。

A キム(きむ)さんは 韓国人(かんこくじん)ですか。

B はい。そうです。

A 明日(あした)は 休(やす)みですか。

B いいえ、休(やす)みじゃないです。

A 昨日(きのう)は 誰(だれ)の 誕生日(たんじょうび)でしたか。

B 先生(せんせい)の 誕生日(たんじょうび)でした。

word

- □ 今日(きょう) 오늘
- □ ～は ～은/는
- □ 何(なん) 무엇
- □ ～さん ～씨
- □ 休(やす)み 쉬는 날
- □ 昨日(きのう) 어제
- □ 誰(だれ) 누구

본문 해석

A와 B로 역할을 바꾸어 가며 말하기 연습을 해 보세요.

A Track 03-02
B Track 03-03

A 오늘은 무슨 요일이에요?

일본어로 말해 보세요.

B 화요일입니다.

A 김 씨는 한국인이에요?

B 네, 그렇습니다.

A 내일은 쉬는 날이에요?

B 아니요, 쉬는 날이 아닙니다.

A 어제는 누구의 생일이었어요?

B 선생님의 생일이었습니다.

문법톡톡

1 명사의 긍정과 부정

(1) 보통형 현재

日曜日(にちようび)は 休(やす)みだ。 일요일은 쉬는 날이다.

土曜日(どようび)は 休(やす)みじゃない。 토요일은 쉬는 날이 아니다.

(2) 보통형 과거

日曜日(にちようび)は 休(やす)みだった。 일요일은 쉬는 날이었다.

土曜日(どようび)は 休(やす)みじゃなかった。 토요일은 쉬는 날이 아니었다.

(3) 정중형 현재

キム先生(きむせんせい)は 韓国人(かんこくじん)です。 김 선생님은 한국인입니다.

加藤先生(かとうせんせい)は 韓国人(かんこくじん)じゃないです。 가토 선생님은 한국인이 아닙니다.

> **Tip**
>
> 정중형 현재 부정문의 또 다른 표현
>
> 【명사】 + じゃ ありません ~이/가 아닙니다

문법톡톡

(4) 정중형 과거

これは 100円(ひゃくえん)でした。 이거는 백 엔이었습니다.

あれは 100円(ひゃくえん)じゃなかったです。 저거는 백 엔이 아니었습니다.

Tip

❶ 정중형 과거 부정문의 또 다른 표현

【명사】 + じゃ ありませんでした ~이/가 아니었습니다

❷ 모든 정중형 뒤에 か를 붙이면 질문이 됩니다.

キム先生(きむせんせい)は 韓国人(かんこくじん)ですか。 김 선생님은 한국인이에요?

昨日(きのう)は 休(やす)みでしたか。 어제는 쉬는 날이었어요?

2 일본어 조사 の

	형태	예
소유(~의)	【명사】+の	私(わたし)の 本(ほん) 내 책
명사 수식	【명사】+の+【명사】	日本語(にほんご)の 先生(せんせい) 일본어 선생님

3 날짜 읽기(월, 일)

1月	2月	3月	4月	5月	6月
いちがつ	にがつ	さんがつ	しがつ	ごがつ	ろくがつ
7月	**8月**	**9月**	**10月**	**11月**	**12月**
しちがつ	はちがつ	くがつ	じゅうがつ	じゅういちがつ	じゅうにがつ

word

□ ~円(えん) ~엔 (일본의 화폐 단위)

1日	2日	3日	4日	5日	6日	7日
ついたち	ふつか	みっか	よっか	いつか	むいか	なのか
8日	**9日**	**10日**	**11日**	**12日**	**13日**	**14日**
ようか	ここのか	とおか	じゅう いちにち	じゅう ににち	じゅう さんにち	じゅう よっか
15日	**16日**	**17日**	**18日**	**19日**	**20日**	**21日**
じゅう ごにち	じゅう ろくにち	じゅう しちにち	じゅう はちにち	じゅう くにち	はつか	にじゅう いちにち
22日	**23日**	**24日**	**25日**	**26日**	**27日**	**28日**
にじゅう ににち	にじゅう さんにち	にじゅう よっか	にじゅう ごにち	にじゅう ろくにち	にじゅう しちにち	にじゅう はちにち
29日	**30日**	**31日**				
にじゅう くにち	さんじゅう にち	さんじゅう いちにち				

4 지시대명사

이	그	저	어느
これ 이것	**それ** 그것	**あれ** 저것	**どれ** 어느 것
ここ 여기	**そこ** 거기	**あそこ** 저기	**どこ** 어디
こちら 이쪽	**そちら** 그쪽	**あちら** 저쪽	**どちら** 어느 쪽
この 이+[명사]	**その** 그+[명사]	**あの** 저+[명사]	**どの** 어느+[명사]

패턴콕콕

주어진 단어와 표현을 활용하여 패턴 연습을 해 보세요.

Track 03-04

1

A 会社員(かいしゃいん)ですか。

B はい、会社員(かいしゃいん)です。

いいえ、会社員(かいしゃいん)じゃないです。

① 会社員(かいしゃいん)

② 大学生(だいがくせい)

③ 韓国人(かんこくじん)

④ 日本人(にほんじん)

word

□ 大学生(だいがくせい) 대학생

Track 03-05

2

A これは 誰(だれ)の 傘(かさ)ですか。

B それは 私(わたし)の 傘(かさ)です。

① 傘(かさ) / 私(わたし)

② コーヒー(こひ) / 先生(せんせい)

③ 財布(さいふ) / 加藤(かとう)さん

④ ケータイ(けたい) / 私(わたし)の 友(とも)だち

word

□ 傘(かさ) 우산

□ コーヒー(こひ) 커피

□ 財布(さいふ) 지갑

□ ケータイ(けたい) 휴대폰

□ 私(わたし)の 友(とも)だち 내 친구

Track 03-06

3

A お誕生日(たんじょうび)は いつですか。

B 12月(じゅうにがつ) 6日(むいか)です。

① 12月6日(じゅうにがつむいか)

② 7月1日(しちがつついたち)

③ 4月12日(しがつじゅうににち)

④ 9月20日(くがつはつか)

word

□ いつ 언제

Track 03-07

4

A あの かばんは いくらですか。

B あれは 10,000円(いちまんえん)です。

① かばん / 10,000(いちまん)

② めがね / 8,000(はっせん)

③ 帽子(ぼうし) / 3,600(さんぜんろっぴゃく)

④ 靴(くつ) / 6,800(ろくせんはっぴゃく)

word

□ いくら 얼마

□ めがね 안경

□ 帽子(ぼうし) 모자

□ 靴(くつ) 구두, 신발

연습착착

듣기연습

1. 음성을 잘 들으면서 다음 숫자표를 따라 읽어 보세요. Track 03-08

일	いち	십	じゅう	백	ひゃく	천	せん
이	に	이십	にじゅう	이백	にひゃく	이천	にせん
삼	さん	삼십	さんじゅう	삼백	さんびゃく	삼천	さんぜん
사	よん	사십	よんじゅう	사백	よんひゃく	사천	よんせん
오	ご	오십	ごじゅう	오백	ごひゃく	오천	ごせん
육	ろく	육십	ろくじゅう	육백	ろっぴゃく	육천	ろくせん
칠	なな	칠십	ななじゅう	칠백	ななひゃく	칠천	ななせん
팔	はち	팔십	はちじゅう	팔백	はっぴゃく	팔천	はっせん
구	きゅう	구십	きゅうじゅう	구백	きゅうひゃく	구천	きゅうせん
						만	いちまん

2. 다음을 잘 듣고 그림 아래에 물건 가격을 히라가나로 적으세요. Track 03-09

Hint
□ ラーメン(らめん)
(일본식) 라면

❶

かばん

____________ 円(えん)

❷

傘(かさ)

____________ 円(えん)

❸

ラーメン(らめん)

____________ 円(えん)

❹

コーヒー(こひ)

____________ 円(えん)

쓰기연습

3. 다음 단어들을 짝을 맞추어 연결하세요.

1일 ·	· ついたち
8일 ·	· ここのか
4일 ·	· よっか
9일 ·	· ようか
10일 ·	· むいか
7일 ·	· なのか
6일 ·	· ふつか
2일 ·	· とおか

4. 다음 문장의 부정형을 쓰세요.

❶ 会社員(かいしゃいん)です。 → ____________________

❷ 昨日(きのう)でした。 → ____________________

5. 다음 문장의 과거형을 쓰세요.

❶ 誕生日(たんじょうび)だ。 → ____________________

❷ 出張(しゅっちょう)です。 → ____________________

Hint
□ 出張(しゅっちょう) 출장

CHAPTER 04

優(やさ)しくて 真面目(まじめ)な 人(ひと)です。

다정하고 성실한 사람입니다.

학습 목표

형용사를 긍정문과 부정문으로 서술할 수 있다.
형용사의 연결형을 써서 이야기할 수 있다.

포인트

① 형용사의 종류
② い형용사의 긍정형과 부정형
③ な형용사의 긍정형과 부정형
④ 형용사의 연결형

☑ **복습** 다음 문장을 일본어로 말해 보세요.

☐ 선생님은 일본 사람입니다.
☐ 저는 회사원이 아닙니다.
☐ 저건 얼마예요?
☐ 어제는 쉬는 날이었습니다.

회화술술

Track 04-01

A 彼(かれ)は どんな 人(ひと)ですか。

B 真面目(まじめ)な 人(ひと)です。

A コンビニ(こんびに)の 弁当(べんとう)は おいしいですか。

B ええ、安(やす)くて おいしいです。

A 日本(にほん)の 10月(じゅうがつ)は 暑(あつ)いですか。

B いいえ、暑(あつ)くないです。涼(すず)しいです。

A 旅行(りょこう)は どうでしたか。

B とても 楽(たの)しかったです。

word

- □ 彼(かれ) 그, 남자 친구
- □ どんな 어떤
- □ 人(ひと) 사람
- □ 真面目(まじめ)だ 성실하다
- □ コンビニ(こんびに) 편의점
- □ 弁当(べんとう) 도시락
- □ おいしい 맛있다
- □ 安(やす)い 싸다
- □ 日本(にほん) 일본
- □ 暑(あつ)い 덥다
- □ 涼(すず)しい 선선하다
- □ 旅行(りょこう) 여행
- □ とても 매우, 아주
- □ 楽(たの)しい 즐겁다

본문 해석

A와 B로 역할을 바꾸어 가며 말하기 연습을 해 보세요.

A Track 04-02
B Track 04-03

A 그는 어떤 사람인가요?

일본어로 말해 보세요.

B 성실한 사람입니다.

A 편의점의 도시락은 맛있어요?

B 네, 싸고 맛있습니다.

A 일본의 10월은 더워요?

B 아니요, 덥지 않습니다. 선선합니다.

A 여행은 어땠어요?

B 아주 즐거웠습니다.

문법톡톡

1 형용사의 종류

일본어의 형용사는 뒤에 오는 명사를 어떤 모양으로 꾸미는지에 따라서 い형용사와 な형용사로 구분합니다.

優しい人 다정한 사람

丈夫な子ども 튼튼한 어린이

2 い형용사의 긍정형과 부정형

(1) 보통형 현재

おいしい。 맛있다.

おいしくない。 맛있지 않다.

教室は暑くない。 교실은 덥지 않다.

(2) 보통형 과거

おいしかった。 맛있었다.

おいしくなかった。 맛있지 않았다.

Tip

❶ 보통형 뒤에 です를 붙이면 존댓말이 됩니다.

今日は涼しいです。 오늘은 선선합니다.

旅行は楽しかったです。 여행은 즐거웠습니다.

昨日は忙しくなかったです。 어제는 바쁘지 않았습니다.

❷ 보통형 그대로 명사를 꾸며 줍니다.

おいしい もの 맛있는 것	おいしくない もの 맛있지 않은 것
おいしかった もの 맛있었던 것	優しかった 人 상냥했던 사람

word

- □ 優しい 다정하다
- □ 丈夫だ 튼튼하다, 건강하다
- □ 子ども 어린이, 아이
- □ 忙しい 바쁘다
- □ もの 것, 물건

문법톡톡

(3) いい의 활용형

'좋다'라는 뜻을 가진 형용사 いい는 활용 방법을 따로 기억해 주세요.

いい 天気(てんき)ですね。 좋은 날씨예요.

昨日(きのう)は 天気(てんき)が よくなかった。 어제는 날씨가 좋지 않았다.

※ いい의 활용

현재		과거	
긍정	いい 좋다	긍정	よかった 좋았다
부정	よくない 좋지 않다	부정	よくなかった 좋지 않았다

3 な형용사의 긍정형과 부정형

(1) 보통형 현재

韓国人(かんこくじん)は 真面目(まじめ)だ。 한국 사람은 성실하다.

この ケータイ(けーたい)は 便利(べんり)じゃない。 이 휴대폰은 편리하지 않다.

Tip

❶ 명사를 꾸밀 때는 な를 기억하세요.

真面目(まじめ)な＋人(ひと) 성실한 사람

❷ 보통형은 그대로 명사를 꾸며 줍니다.

真面目(まじめ)じゃない＋人(ひと) 성실하지 않은 사람

日本語(にほんご)が上手(じょうず)だった＋人(ひと) 일본어가 능숙했던 사람

(2) 보통형 과거

教室(きょうしつ)は 静(しず)かだった。 교실은 조용했다.

トイレ(といれ)は きれいじゃなかった。 화장실은 깨끗하지 않았다.

word

- □ いい 좋다
- □ 天気(てんき) 날씨
- □ 便利(べんり)だ 편리하다
- □ 上手(じょうず)だ 잘하다, 능숙하다
- □ 静(しず)かだ 조용하다
- □ トイレ(といれ) 화장실
- □ きれいだ 깨끗하다, 예쁘다

(3) 정중형 현재

韓国人(かんこくじん)は 英語(えいご)が 上手(じょうず)**です**。 한국 사람은 영어를 잘합니다.

私(わたし)は 焼酎(しょうちゅう)が 好(す)き**じゃないです**。 저는 소주를 좋아하지 않습니다.

(4) 정중형 과거

引(ひ)っ越(こ)しは 大変(たいへん)**でした**。 이사는 힘들었습니다.

宿題(しゅくだい)は 簡単(かんたん)**じゃなかったです**。

숙제는 간단하지 않았습니다(쉽지 않았습니다).

4 형용사의 연결형

(1) い형용사 (い → くて)

安(やす)**くて** おいしい。 싸고 맛있다.

(2) な형용사 (だ → で)

歌(うた)が 上手(じょうず)**で** 素敵(すてき)だ。 노래를 잘하고 멋있다.

word

- □ 焼酎(しょうちゅう) 소주
- □ 好(す)きだ 좋아하다
- □ 引(ひ)っ越(こ)し 이사
- □ 大変(たいへん)だ 힘들다, 큰일이다
- □ 宿題(しゅくだい) 숙제
- □ 簡単(かんたん)だ 쉽다, 간단하다
- □ 歌(うた) 노래
- □ 素敵(すてき)だ 멋있다

패턴콕콕

주어진 단어와 표현을 활용하여 패턴 연습을 해 보세요.

Track 04-04

1

A 寿司(すし)と 刺身(さしみ)と どちらが おいしいですか。

B 寿司(すし)の ほうが おいしいです。

① 寿司(すし) / 刺身(さしみ) / おいしい

② 日本語(にほんご) / 英語(えいご) / おもしろい

③ 東京(とうきょう) / ソウル(そうる) / にぎやかだ

④ 焼酎(しょうちゅう) / ビール(びーる) / 好(す)きだ

word

□ 寿司(すし) 초밥

□ 刺身(さしみ) 회

□ ~の ほうが ~쪽이 더

□ おもしろい 재미있다

□ 東京(とうきょう) 도쿄

□ ソウル(そうる) 서울

□ にぎやかだ 번화하다

□ ビール(びーる) 맥주

Track 04-05

2

A ケーキ(けーき)の 中(なか)で 何(なに)が 一番(いちばん) 甘(あま)いですか。

B チョコレートケーキ(ちょこれーとけーき)が 一番(いちばん) 甘(あま)いです。

① ケーキ(けーき) / 甘(あま)い / チョコレートケーキ(ちょこれーとけーき)

② コーヒー(こーひー) / 安(やす)い / ブラックコーヒー(ぶらっくこーひー)

③ 日本料理(にほんりょうり) / 好(す)きだ / 寿司(すし)

④ 韓国料理(かんこくりょうり) / 有名(ゆうめい)だ / キムチ(きむち)

word

□ ケーキ(けーき) 케이크

□ ~の 中(なか)で ~중에서

□ 一番(いちばん) 가장, 제일

□ 甘(あま)い 달다

□ ブラックコーヒー(ぶらっくこーひー) 블랙 커피

□ チョコレートケーキ(ちょこれーとけーき) 초콜릿 케이크

□ 日本料理(にほんりょうり) 일본 요리

□ 韓国料理(かんこくりょうり) 한국 요리

□ 有名(ゆうめい)だ 유명하다

□ キムチ(きむち) 김치

Track 04-06

3

A 昨日(きのう)は 忙(いそが)しかったですか。

B はい、忙(いそが)しかったです。

いいえ、忙(いそが)しくなかったです。

① 昨日(きのう) / 忙(いそが)しい

② 昨日(きのう) / 天気(てんき)が いい

③ 宿題(しゅくだい) / 難(むずか)しい

④ 旅行(りょこう) / 楽(たの)しい

word

□ 難(むずか)しい 어렵다

Track 04-07

4

A 先生(せんせい)は どんな 人(ひと)ですか。

B 元気(げんき)で おもしろい 人(ひと)です。

① 元気(げんき)だ / おもしろい

② 真面目(まじめ)だ / 優(やさ)しい

③ 上品(じょうひん)だ / 静(しず)かだ

④ 明(あか)るい / 気(き)さくだ

word

□ 元気(げんき)だ 건강하다 활발하다

□ 上品(じょうひん)だ 품위가 있다, 우아하다

□ 明(あか)るい 밝다

□ 気(き)さくだ 싹싹하다

연습착착

듣기연습

1. 다음을 잘 듣고 '좋아하는 것'에는 ○, 좋아하지 않는 것에는 × 표시하세요.

Track 04-08

❶ 
ビール
(　　　　)

❷ 
ケーキ
(　　　　)

❸ 
コーヒー
(　　　　)

❹ 

タバコ
(　　　　)

Hint
□ タバコ 담배

2. 다음을 잘 듣고 주어진 문장과 뜻이 비슷하면 ○, 다르면 × 표시하세요.

Track 04-09

❶ 日本(にほん)の 春(はる)は 暖(あたた)かいです。 (　　　　)

❷ 韓国(かんこく)の 夏(なつ)は とても 暑(あつ)いです。 (　　　　)

❸ 韓国(かんこく)の 秋(あき)は 涼(すず)しいです。 (　　　　)

❹ 日本(にほん)の 冬(ふゆ)は あまり 寒(さむ)くないです。 (　　　　)

Hint
□ 春(はる) 봄
□ 夏(なつ) 여름
□ 秋(あき) 가을
□ 冬(ふゆ) 겨울
□ 暖(あたた)かい 따뜻하다
□ あまり 별로
□ 寒(さむ)い 춥다

쓰기연습

3. 다음 문장의 부정형을 쓰세요.

❶ いいです。 → ____________________

❷ 高(たか)い かばん。 → ____________________

❸ 楽(たの)しかったです。 → ____________________

❹ 暇(ひま)でした。 → ____________________

Hint

□ 高(たか)い 비싸다

□ 暇(ひま)だ 한가하다

4. 다음 문장의 과거형을 쓰세요.

❶ 天気(てんき)が いい。 → ____________________

❷ おいしくない。 → ____________________

❸ 好(す)きだ。 → ____________________

❹ 教室(きょうしつ)は きれいです。 → ____________________

5. 다음 문장을 우리말로 해석하세요.

❶ 彼(かれ)は 真面目(まじめ)で 優(やさ)しくて、本当(ほんとう)に いい 人(ひと)です。

→ ____________________

Hint

□ 本当(ほんとう)に 정말로

문법정리

형용사 정리

い형용사

단어	뜻	단어	뜻
おいしい	맛있다	楽(たの)しい	즐겁다
辛(から)い	맵다	甘(あま)い	달다
大(おお)きい	크다	小(ちい)さい	작다
高(たか)い	높다	低(ひく)い	낮다
優(やさ)しい	다정하다, 착하다	おもしろい	재미있다
明(あか)るい	밝다	かわいい	귀엽다
高(たか)い	비싸다	安(やす)い	싸다
悪(わる)い	나쁘다	※いい	좋다

な형용사

단어	뜻	단어	뜻
有名(ゆうめい)だ	유명하다	親切(しんせつ)だ	친절하다
きれいだ	깨끗하다, 예쁘다	真面目(まじめ)だ	성실하다
元気(げんき)だ	활달하다(사람)	にぎやかだ	번화하다(장소, 분위기)
便利(べんり)だ	편리하다	暇(ひま)だ	한가하다
大丈夫(だいじょうぶ)だ	괜찮다	丈夫(じょうぶ)だ	튼튼하다
簡単(かんたん)だ	간단하다	大変(たいへん)だ	힘들다
(～が)好(す)きだ	좋아하다	(～が)嫌(きら)いだ	싫어하다
(～が)上手(じょうず)だ	잘하다, 능숙하다	(～が)下手(へた)だ	못하다, 서투르다

CHAPTER 01~04 활용 정리

명사

형태	시제	긍정	부정
보통형	현재	【명사】＋だ	【명사】＋じゃない
	과거	【명사】＋だった	【명사】＋じゃなかった
정중형	현재	【명사】＋です	【명사】＋じゃないです(＝じゃありません)
	과거	【명사】＋でした	【명사】＋じゃなかったです(＝じゃありませんでした)

い형용사

형태	시제	긍정	부정
보통형	현재	～い＋【명사】	～くない＋【명사】
	과거	～かった＋【명사】	～くなかった＋【명사】
정중형	현재	～いです	～くないです(＝くありません)
	과거	～かったです	～くなかったです(＝くありませんでした)

な형용사

형태	시제	긍정	부정
보통형	현재	～だ (→な＋【명사】)	～じゃない＋【명사】
	과거	～だった＋【명사】	～じゃなかった＋【명사】
정중형	현재	～です	～じゃないです(＝じゃありません)
	과거	～でした	～じゃなかったです(＝じゃありませんでした)

CHAPTER 05

たばこ　す　ひと

タバコを 吸わない 人は 4人です。

よ　にん

담배를 피우지 않는 사람은 4명입니다.

학습 목표

동사의 사전형과 ない 형을 익힌다.
동사의 사전형과 ない 형으로 명사를 수식한다.
존재와 위치에 대한 표현을 익힌다.

포인트

① 일본어 동사의 세 가지 그룹
② 동사의 그룹별 형태 비교
③ 동사의 긍정형과 부정형
④ 존재의 ある・いる
⑤ 동사 보통형의 명사 수식

☑ **복습** 다음 문장을 일본어로 말해 보세요.

☐ 다정하고 성실한 사람입니다.
☐ 일본어가 더 재미있습니다.
☐ 초밥이 제일 좋습니다.
☐ 여행은 매우 즐거웠습니다.

회화술술

Track 05-01

A タバコ(たばこ)を 吸(す)う 人(ひと)は 嫌(きら)い？

B 吸(す)わない 人(ひと)の ほうが いい。

A 学校(がっこう)まで 何(なに)で 行(い)く？

B たいてい バス(ばす)で 行(い)く。

A 今(いま) 教室(きょうしつ)に 何人(なんにん) いる？

B 学生(がくせい)が 5人(ごにん)、先生(せんせい)が 一人(ひとり) いる。

A 明日(あした)、来(く)る？

B まだ 分(わ)からない。

word

- □ ～を ～을/를
- □ 吸(す)う 피우다
- □ 嫌(きら)いだ 싫어하다
- □ ほう 편, 쪽
- □ 学校(がっこう) 학교
- □ ～まで ～까지
- □ 何(なに) 무엇
- □ ～で ～으로(수단)
- □ 行(い)く 가다
- □ たいてい 대체로
- □ バス(ばす) 버스
- □ 今(いま) 지금
- □ ～に ～에(위치, 목적지)
- □ ～人(にん) ～명
- □ いる 있다
- □ 学生(がくせい) 학생
- □ 一人(ひとり) 한 명
- □ 来(く)る 오다
- □ まだ 아직
- □ 分(わ)かる 알다

본문 해석

A와 B로 역할을 바꾸어 가며 말하기 연습을 해 보세요.

A Track 05-02
B Track 05-03

A 담배 피우는 사람은 싫어?

일본어로 말해 보세요.

B 안 피우는 사람이 낫지.

A 학교까지 뭘로 가?

B 대체로 버스로 가.

A 지금 교실에 몇 명 있어?

B 학생이 다섯 명, 선생님이 한 명 있어.

A 내일 올 거야?

B 아직 모르겠어.

문법톡톡

1 일본어 동사의 세 가지 그룹

그룹	특징	예
1그룹	❶ る로 끝나지 않는 모든 동사 ❷ る로 끝났을 경우 그 앞 글자가 あ, う, お단인 동사	行(い)く 가다, 分(わ)かる 알다 ※ 帰(かえ)る 돌아가다
2그룹	❶ る로 끝나고 ❷ 그 앞 글자가 い, え단인 동사	見(み)る 보다, 食(た)べる 먹다
3그룹	불규칙 동사	する 하다, 来(く)る 오다

2 동사의 그룹별 형태 비교

그룹	예	그룹	예
1그룹	ある 있다	2그룹	いる 있다
1그룹	帰(かえ)る 귀가하다	2그룹	見(み)る 보다
1그룹	行(い)く 가다	2그룹	食(た)べる 먹다
1그룹	聞(き)く 듣다, 묻다	2그룹	起(お)きる 일어나다
1그룹	買(か)う 사다	2그룹	寝(ね)る 자다
1그룹	会(あ)う 만나다	2그룹	出(で)る 나오다, 나가다
1그룹	飲(の)む 마시다	3그룹	する 하다
1그룹	読(よ)む 읽다	3그룹	来(く)る 오다

문법톡톡

3 동사의 긍정형과 부정형

동사의 긍정형은 사전형을 그대로 씁니다. 부정형은 다른 품사와 마찬가지로 **ない**를 붙입니다. **ない**에 접속되는 형태를 '**ない**형' 또는 동사의 부정형이라고 합니다.

今日(きょう)は 運動(うんどう)を する。오늘은 운동을 한다(할래/할 거야).

今日(きょう)は 運動(うんどう)を しない。오늘은 운동을 안 한다(안 할래/안 할 거야).

동사 부정형 만들기

그룹	형태	예
1그룹	어미 う단 → あ단 + ない	帰(かえ)る → 帰(かえ)らない (집에) 간다 → (집에) 가지 않는다
		読(よ)む → 読(よ)まない 읽는다 → 읽지 않는다
		聞(き)く → 聞(き)かない 듣는다 → 듣지 않는다
		※ 買(か)う → 買(か)わない 산다 → 사지 않는다
		※ ある → ない 있다 → 없다
2그룹	어미 る + ない	食(た)べる → 食(た)べない 먹는다 → 먹지 않는다
		見(み)る → 見(み)ない 본다 → 보지 않는다
		いる → いない 있다 → 없다
3그룹	불규칙적	する → しない 한다 → 하지 않는다
		来(く)る → 来(こ)ない 온다 → 오지 않는다

word
□ 運動(うんどう) 운동

4 존재의 ある・いる

(1) **ある**: 자기 의지로 이동할 수 없는 것(사물, 식물, 개념)

教室(きょうしつ)に テレビ(てれび)が **ある**。 교실에 텔레비전이 있다.

部屋(へや)に 何(なに)も **ない**。 방에 아무것도 없다.

(2) **いる**: 자기 의지로 이동할 수 있는 것(사람, 동물, 곤충)

教室(きょうしつ)に 先生(せんせい)が **いる**。 교실에 선생님이 있다.

部屋(へや)に 誰(だれ)も **いない**。 방에 아무도 없다.

5 동사 보통형의 명사 수식

会社(かいしゃ)に 行(い)く 人(ひと)　회사에 가는 사람

会社(かいしゃ)に 行(い)かない 人(ひと)　회사에 가지 않는 사람

ネット(ねっと)で 買(か)う 人(ひと)　인터넷으로 사는 사람

会社(かいしゃ)の 前(まえ)に ある 居酒屋(いざかや)　회사 앞에 있는 이자카야

テーブル(てぶる)の 下(した)に いる 猫(ねこ)　테이블 밑에 있는 고양이

Tip 위치를 나타내는 명사 정리

・前(まえ) 앞	・後(うし)ろ 뒤
・上(うえ) 위	・下(した) 아래
・中(なか) 안	・外(そと) 밖
・横(よこ) 옆	・近(ちか)く 근처

word

- □ テレビ(てれび) 텔레비전
- □ 部屋(へや) 방
- □ ネット(ねっと) 인터넷 (インターネット의 준말)
- □ 前(まえ) 앞
- □ 居酒屋(いざかや) 이자카야
- □ テーブル(てぶる) 테이블
- □ 下(した) 아래
- □ 猫(ねこ) 고양이

패턴콕콕

주어진 단어와 표현을 활용하여 패턴 연습을 해 보세요.

Track 05-04

1

A コーヒーを 毎日 飲む 人は 何人ですか。

B コーヒーを 毎日 飲む 人は 7人です。

① コーヒーを 毎日 飲む / 7人

② 朝ごはんを 食べない / 4人

③ 土曜日に 会社に 行く / 一人

④ タバコを 吸わない / 二人

word

□ 毎日 매일

□ 朝ごはん 아침밥

Track 05-05

2

A タバコを 吸う 人は 嫌いですか。

B 吸わない 人の ほうが いいです。

① タバコを 吸う / 吸わない

② うそを つく / つかない

③ お酒を 飲まない / 飲む

④ 本を 読まない / 読む

word

□ うそを つく 거짓말을 하다

Track 05-06

3

A テーブル(てぶる)の 上(うえ)に 何(なに)が ありますか。

B 本(ほん)と 花(はな)が あります。

① テーブル(てぶる) / 本(ほん) / 花(はな)

② ベッド(べっど) / 財布(さいふ) / ケータイ(けたい)

③ 机(つくえ) / めがね / 時計(とけい)

④ 椅子(いす) / 帽子(ぼうし) / 傘(かさ)

word

□ 花(はな) 꽃

□ あります 있어요

□ ベッド(べっど) 침대

□ 机(つくえ) 책상

□ 時計(とけい) 시계

□ 椅子(いす) 의자

Track 05-07

4

A 教室(きょうしつ)に 先生(せんせい)が いますか。

B はい、先生(せんせい)が います。

いいえ、先生(せんせい)は いません。

① 教室(きょうしつ) / 先生(せんせい)

② 部屋(へや) / 猫(ねこ)

③ 公園(こうえん) / 子(こ)ども

④ トイレ(といれ) / 友(とも)だち

word

□ います 있어요

□ いません 없어요

□ 公園(こうえん) 공원

□ 子(こ)ども 아이

연습착착

듣기연습

1. 다음을 잘 듣고 내용과 그림이 일치하면 ○, 다르면 ✕ 표시하세요. Track 05-08

> **Hint**
> □ パソコン(ぱそこん) 컴퓨터

❶

(　　　　)

❷

(　　　　)

❸

(　　　　)

❹

(　　　　)

2. 어떤 회사의 앙케트 조사 결과입니다. 잘 듣고 빈칸에 알맞은 인원수를 쓰세요.

Track 05-09

❶ コーヒー(こーひー)を 毎日(まいにち) 飲(の)む 人(ひと)　　(　　　　) 人(にん)

❷ コーヒー(こーひー)を 時々(ときどき) 飲(の)む 人(ひと)　　(　　　　) 人(にん)

❸ コーヒー(こーひー)を 全然(ぜんぜん) 飲(の)まない 人(ひと)　　(　　　　) 人(にん)

> **Hint**
> □ 時々(ときどき) 가끔
> □ 全然(ぜんぜん) 전혀

쓰기연습

3. 다음 빈칸을 채워 동사표를 완성하세요.

그룹	단어	뜻	그룹	단어	뜻
	行く			ある	
	帰る			会う	
	食べる			聞く	
	飲む			話す	
	いる			見る	
	買う			来る	

4. 다음 문장을 일본어로 작문하세요.

❶ 담배를 피우는 사람은 싫습니다.

→ ______________________

❷ 오늘은 일본어 수업이 있다.

→ ______________________

❸ 시간은 있지만, 약속은 없다.

→ ______________________

❹ 테이블 밑에 고양이가 있다.

→ ______________________

Hint

- □ 日本語の授業 일본어 수업
- □ 時間 시간
- □ ～が ～이지만
- □ 約束 약속

CHAPTER 06

駅(えき)の 前(まえ)で 友(とも)だちに 会(あ)います。

역 앞에서 친구를 만납니다.

학습 목표

동사의 ます 형을 익힌다.
동사의 ます 형을 이용한 응용문형으로 말할 수 있다.

포인트

① 동사의 정중형
② 동사 정중형 만들기
③ 동사 ます 형의 긍정과 부정
④ 권유와 초대
⑤【동사 ます 형】+に 行(い)く

☑ **복습** 다음 문장을 일본어로 말해 보세요.

- ☐ 오늘은 운동을 한다.
- ☐ 내일은 회사에 가지 않는다.
- ☐ 매일 커피를 마시는 사람.
- ☐ 일요일은 수업이 없다.

회화술술

Track 06-01

A この 近くに コンビニは ありませんか。

B コンビニなら 学校の 後ろに あります。

A 明日は 何を しますか。

B キムさんと 一緒に 先生に 会います。

A お昼は どこで 食べますか。

B たいてい 会社の 近くで 食べます。

A 会議の 後、コーヒーを 飲みに 行きませんか。

B いいですね。行きましょう。

word

- □ 近く 근처
- □ ～なら ～라면
- □ ～と ～와/과
- □ 一緒に 함께
- □ 会う 만나다
- □ お昼 점심, 점심밥
- □ ～で ～에서(장소)
- □ 会議 회의
- □ ～後 ～후에, ~나중에

본문 해석

A와 B로 역할을 바꾸어 가며 말하기 연습을 해 보세요.

Ⓐ Track 06-02
Ⓑ Track 06-03

A 이 근처에 편의점은 없나요?

일본어로 말해 보세요.

B 편의점이라면 학교 뒤에 있습니다.

A 내일은 뭐 하세요?

B 김 씨와 함께 선생님을 만납니다.

A 점심은 어디에서 먹나요?

B 대체로 회사 근처에서 먹습니다.

A 회의 후에 커피 마시러 안 갈래요?

B 좋아요. 갑시다.

문법톡톡

1 동사의 정중형

5과에서 배운 동사의 긍정형과 부정형을 존댓말로 서술하는 형태가 정중형입니다. 동사의 정중형을 만들기 위해서는 '동사 **ます**형'이 필요하며, 「동사 **ます**형+**ます**」는 '~합니다, ~해요'와 같은 문장을 만듭니다.

今日(きょう)は 運動(うんどう)を する。 오늘은 운동을 한다.

今日(きょう)は 運動(うんどう)を します。 오늘은 운동을 합니다.

2 동사 정중형 만들기

그룹	형태	예
1그룹	어미 う단 → い단 + ます	買(か)う → 買(か)います 사다 → 삽니다
		行(い)く → 行(い)きます 가다 → 갑니다
		休(やす)む → 休(やす)みます 쉬다 → 쉽니다
2그룹	어미 る + ます	起(お)きる → 起(お)きます 일어나다 → 일어납니다
		食(た)べる → 食(た)べます 먹다 → 먹습니다
3그룹	불규칙적	する → します 하다 → 합니다
		来(く)る → 来(き)ます 오다 → 옵니다

明日(あした)も 会社(かいしゃ)に 行(い)きます。 내일도 회사에 갑니다.

毎日(まいにち) コ(こ)ーヒ(ひ)ーを 飲(の)みます。 매일 커피를 마십니다.

毎日(まいにち) 勉強(べんきょう)をします。 매일 공부를 합니다.

友(とも)だちが 韓国(かんこく)に 来(き)ます。 친구가 한국에 옵니다.

word
□ 勉強(べんきょう) 공부

문법톡톡

3 동사 ます형의 긍정과 부정

(1) 긍정: 【ます형】+ます

会(あ)います。 만납니다(만나요/만날래요/만날 거예요).

(2) 부정: 【ます형】+ません

会(あ)いません。

만나지 않습니다(만나지 않아요/만나지 않을래요/만나지 않을 거예요).

私(わたし)は タバコ(たばこ)を 全然(ぜんぜん) 吸(す)いませんが、彼女(かのじょ)は 時々(ときどき) 吸(す)います。

저는 담배를 전혀 안 피우지만, 여자 친구는 가끔 피웁니다.

4 권유와 초대

(1) ~합시다: 【ます형】+ましょう

一緒(いっしょ)に 食(た)べましょう。 같이 먹읍시다.

(2) ~하지 않을래요?: 【ます형】+ませんか

一緒(いっしょ)に 食(た)べませんか。 같이 먹지 않을래요?

(3) ~할까요?: 【ます형】+ ましょうか

何(なに)を 食(た)べましょうか。 무엇을 먹을까요?

5 【동사 ます형】+ に 行(い)く ~하러 가다

本(ほん)を 買(か)いに 行(い)きます。 책을 사러 갑니다.

映画(えいが)を 見(み)に 行(い)きませんか。 영화를 보러 가지 않을래요?

문법 정리

조사 정리

조사	뜻	예
～を	～을/를	音楽を 聞きます。 음악을 듣습니다.
		※ 友だちに 会います。 친구를 만납니다.
		※ バスに 乗ります。 버스를 탑니다.
～と	～와/과	先生と 行きます。 선생님이랑 갑니다.
		本と 花が あります。 책과 꽃이 있습니다.
～に	～에, ～하러	家に います。 집에 있습니다.
		9時に 寝ます。 9시에 잡니다.
		家に 帰ります。 집에 갑니다.
		映画を 見に 行きます。 영화를 보러 갑니다.
～で	～으로(수단), ～에서(장소)	バスで 来ます。 버스로 옵니다.
		ネットで 買います。 인터넷으로 삽니다.
		デパートで 買います。 백화점에서 삽니다.
～が	(명사)이/가, (문장)～지만	時間が ありません。 시간이 없습니다.
		時間は ありますが、お金が ありません。 시간은 있지만, 돈이 없습니다.

패턴콕콕

주어진 단어와 표현을 활용하여 패턴 연습을 해 보세요.

Track 06-04

1

A この 近(ちか)くに コンビニ(こんびに)が ありますか。

B はい、コンビニ(こんびに)なら 学校(がっこう)の 後(うし)ろに あります。

① コンビニ(こんびに) / 学校(がっこう)の 後(うし)ろ

② カフェ(かふぇ) / 映画館(えいがかん)の 下(した)

③ マック(まっく) / 駅(えき)の 前(まえ)

④ 本屋(ほんや) / この ビル(びる)の 2階(にかい)

word

- □ カフェ(かふぇ) 카페, 커피숍
- □ 映画館(えいがかん) 영화관
- □ マック(まっく) 맥도널드 (マクドナルド(まくどなるど)의 준말)
- □ 駅(えき) 역
- □ 本屋(ほんや) 서점
- □ ビル(びる) 빌딩
- □ ～階(かい) ～층

Track 06-05

2

A タバコ(たばこ)を 吸(す)いますか。

B はい、吸(す)います。

いいえ、吸(す)いません。

① タバコ(たばこ)を 吸(す)う

② お昼(ひる)を 食(た)べる

③ ケータイ(けたい)で 音楽(おんがく)を 聞(き)く

④ ネット(ねっと)で 買(か)い物(もの)を する

word

- □ 音楽(おんがく) 음악
- □ 買(か)い物(もの) 쇼핑

Track 06-06

3

A たいてい どこで 買い物を しますか。

B たいてい デパートで します。

① 買い物 / する / デパート

② 晩ごはん / 食べる / 家

③ コーヒー / 飲む / スタバ

④ 友だち / (に)会う / 会社の 近く

word

- □ デパート 백화점
- □ 晩ごはん 저녁밥
- □ 家 집
- □ スタバ 스타벅스 (スターバックス의 준말)

Track 06-07

4

A 日曜日、一緒に 映画を 見に 行きませんか。

B いいですね。 行きましょう。

① 日曜日 / 映画を 見る

② 明日 / コーヒーを 飲む

③ 会議の 後 / おいしい ものを 食べる

④ 授業の 後 / 先生に 会う

연습착착

듣기연습

1. 주말 일정입니다. 잘 듣고 시간과 일정을 짝을 맞추어 연결하세요. Track 06-08

9:00pm •	• 映画(えいが)を 見(み)る
12:30pm •	• 家(いえ)に 親戚(しんせき)が 来(く)る
1:00pm~3:00pm •	• カンナム(かんなむ)で 友(とも)だちに 会(あ)う
4:00pm~5:00pm •	• ジム(じむ)で 運動(うんどう)を する
7:00pm •	• 昼(ひる)ごはんを 食(た)べる

Hint
- □ ~時(じ) ~시
- □ 親戚(しんせき) 친척
- □ カンナム(かんなむ) 강남
- □ ジム(じむ) 피트니스 센터

2. 다음을 잘 듣고 알맞게 대답한 사람을 찾아 ○ 표시하세요. Track 06-09

❶ 木村(きむら)さんも 一緒(いっしょ)に 会(あ)いませんか。

A (　　　　　)　　B (　　　　　)

❷ 私(わたし)が 運転(うんてん)しましょうか。

A (　　　　　)　　B (　　　　　)

Hint
- □ 運転(うんてん) 운전

쓰기연습

3. 다음 빈칸을 채워 동사표를 완성하세요.

그룹	단어	뜻	ます형	그룹	단어	뜻	ます형
	買う				乗る	타다	
	帰る				歩く	걷다	
	待つ	기다리다			聞く		聞き
	飲む				話す		
	始まる	시작되다			見る	보다	
	終わる	끝나다			くる		

4. 다음 문장을 일본어로 작문하세요.

❶ 같이 들을까요?

→ ______________________

❷ 일은 대체로 6시쯤 끝납니다.

→ ______________________

❸ 일본어 학원 앞에서 친구를 만납니다.

→ ______________________

❹ 회사까지 지하철로 갑니다.

→ ______________________

Hint

- □ 仕事 일
- □ ~ごろ ~즈음
- □ 日本語学校 일본어 학원
- □ 地下鉄 지하철

CHAPTER 07

週末(しゅうまつ)は 家(いえ)で ゆっくり 休(やす)みました。

주말에는 집에서 푹 쉬었습니다.

학습 목표

동사 ます형을 이용해서 과거의 일을 이야기할 수 있다.
동사 ます형을 이용해서 하고 싶은 일을 이야기할 수 있다.
ほしい를 써서 갖고 싶은 것을 이야기할 수 있다.

포인트

① 동사 ます형의 과거 긍정과 과거 부정
②【동사ます형】+たい
③【명사】+が ほしい
④ ~たい・~ほしい형태 변화

☑ **복습** 다음 문장을 일본어로 말해 보세요.

- ☐ 매일 공부를 합니다.
- ☐ 가끔 카페에서 만납니다.
- ☐ 대체로 6시에 일어납니다.
- ☐ 책을 사러 갑니다.

회화술술

Track 07-01

A 週末(しゅうまつ)は 何(なに)を しましたか。

B 家(いえ)で ゆっくり 休(やす)みました。

A 部屋(へや)に 誰(だれ)か いましたか。

B 誰(だれ)も いませんでした。

A 何(なに)か 食(た)べたい ものが ありますか。

B そうですね。私(わたし)は 何(なん)でも いいです。

A クリスマス(くりすます)に 何(なに)が ほしいですか。

B 新(あたら)しい スマホ(すまほ)が ほしいです。

word

- □ ゆっくり 푹, 여유 있게
- □【ます형】+たい ~하고 싶다
- □ 何(なん)でも 뭐든지
- □ クリスマス(くりすます) 크리스마스
- □ 新(あたら)しい 새롭다
- □ スマホ(すまほ) 스마트폰(スマートフォン(すまーとふぉん)의 준말)

본문 해석

A와 B로 역할을 바꾸어 가며 말하기 연습을 해 보세요.

A Track 07-02
B Track 07-03

A 주말에는 뭐 했어요?

일본어로 말해 보세요.

B 집에서 푹 쉬었습니다.

A 방에 누군가 있었어요?

B 아무도 없었습니다.

A 뭔가 먹고 싶은 것이 있나요?

B 글쎄요. 저는 아무거나 괜찮습니다.

A 크리스마스에 뭘 갖고 싶어요?

B 새 스마트폰이 갖고 싶습니다.

문법톡톡

1 동사 ます형의 과거 긍정과 과거 부정

(1) 과거 긍정: 【ます형】+ました

日本から 友だちが 来**ました**。 일본에서 친구가 왔습니다.

(2) 과거 부정: 【ます형】+ませんでした

昨日は 勉強を し**ませんでした**。 어제는 공부를 안 했습니다.

2 【동사 ます형】+たい ~하고 싶다

동사 **ます**형에 **~たい**를 붙이면 '~하고 싶다'라는 뜻이 됩니다. 부정형과 과거형, 정중형 모두 **い**형용사의 응용과 똑같이 변화합니다.

食べ**たい** ものが ありません。
먹고 싶은 것이 없습니다.

会い**たくない** 人です。
만나고 싶지 않은 사람입니다.

温かい コーヒーが 飲み**たいです**。
따뜻한 커피가 마시고 싶습니다.

昨日から 寿司が 食べ**たかったです**。
어제부터 초밥이 먹고 싶었습니다.

word
- □ 温かい 따뜻하다
- □ ~から ~부터

3 【명사】+が ほしい ~을 갖고 싶다, ~을 원한다

'~이 필요하다', '~을 갖고 싶다'라고 할 때에는 「명사+が ほしい」를 씁니다.

お金が ほしい。 돈이 필요하다.

時間が ほしい。 시간이 있으면 좋겠다.

誕生日に 何か ほしい ものが ありますか。
생일에 뭐 갖고 싶은 거 있어요?

新しい 財布が ほしいです。 새 지갑이 갖고 싶습니다.

前から ほしかった ものです。 전부터 갖고 싶었던 것입니다.

子どもの 時は ケータイが ほしかったです。
어렸을 때는 휴대폰이 갖고 싶었습니다.

Tip

어떠한 행동을 하고자 할 때는 ~たい를 쓰지만 물건이나 추상적인 개념의 소유를 희망할 때는 ~ほしい를 씁니다.

買い物が したい。 쇼핑을 하고 싶다
ゆっくり 休みたい。 푹 쉬고 싶다
お金が ほしい。 돈을 갖고 싶다
時間が ほしい。 시간이 필요하다

word
□ お金 돈
□ 時 때

4 ~たい・~ほしい 형태 변화

	현재 긍정	현재 부정	과거 긍정	과거 부정
い형용사	暑い	暑くない	暑かった	暑くなかった
	いい	よくない	よかった	よくなかった
	おいしい	おいしくない	おいしかった	おいしくなかった
	難しい	難しくない	難しかった	難しくなかった
	楽しい	楽しくない	楽しかった	楽しくなかった
~たい	会いたい	会いたくない	会いたかった	会いたくなかった
	食べたい	食べたくない	食べたかった	食べたくなかった
	したい	したくない	したかった	したくなかった
	来たい	来たくない	来たかった	来たくなかった
~ほしい	ほしい	ほしくない	ほしかった	ほしくなかった

패턴콕콕

주어진 단어와 표현을 활용하여 패턴 연습을 해 보세요.

Track 07-04

1

A 今朝(けさ) 何時(なんじ)に 起(お)きましたか。

B 7時(しちじ)に 起(お)きました。

① 今朝(けさ) / 起(お)きる / 7時(しちじ)

② 夕(ゆう)べ / 寝(ね)る / 12時(じゅうにじ)

③ 仕事(しごと)は / 始(はじ)まる / 9時(くじ)

④ 授業(じゅぎょう)は / 終(お)わる / 4時(よじ)

word

□ 今朝(けさ) 오늘 아침

□ 夕(ゆう)べ 지난밤, 어젯밤

Track 07-05

2

A 寝(ね)る 前(まえ)に テレビ(てれび)を 見(み)ましたか。

B はい、見(み)ました。

いいえ、見(み)ませんでした。

① テレビ(てれび)を 見(み)る

② コーヒー(こひ)を 飲(の)む

③ シャワー(しゃわ)を 浴(あ)びる

④ 顔(かお)を 洗(あら)う

word

□【동사 사전형】+前(まえ)に ~하기 전에

□ シャワー(しゃわ)を 浴(あ)びる 샤워를 하다

□ 顔(かお) 얼굴

□ 洗(あら)う 씻다

Track 07-06

3

A 何(なに)か 食(た)べたい ものが ありますか。

B そうですね。今日(きょう)は カレー(かれ)が 食(た)べたいです。

① 何(なに)か / 食(た)べる / もの / 今日(きょう) / カレー(かれ)が

② 何(なに)か / 飲(の)む / もの / 今日(きょう) / アイスコーヒー(あいすこひ)が

③ 何(なに)か / 見(み)る / 映画(えいが) / 今週末(こんしゅうまつ) / ホラー(ほら)映画(えいが)が

④ どこか / 行(い)く / ところ / 今週末(こんしゅうまつ) / 遊園地(ゆうえんち)に

word

- □ カレー(かれ) 카레
- □ アイスコーヒー(あいすこひ) 아이스 커피
- □ 今週末(こんしゅうまつ) 이번 주말
- □ ホラー(ほら)映画(えいが) 공포 영화
- □ 遊園地(ゆうえんち) 놀이공원

Track 07-07

4

A 何(なに)か ほしい ものが ありますか。

B そうですね。私(わたし)は 新(あたら)しい 財布(さいふ)が ほしいです。

① 財布(さいふ)

② 靴(くつ)

③ スニーカー(すにか)

④ ノートパソコン(のとぱそこん)

word

- □ スニーカー(すにか) 운동화
- □ ノートパソコン(のとぱそこん) 노트북

연습착착

듣기연습

1. 다음을 잘 듣고 주말에 한 일에는 ○, 하지 않은 일에는 × 표시하세요.

Track 07-08

❶ 

( )

❷ 

( )

❸ 

( )

❹ 

( )

2. 다음을 잘 듣고 알맞게 대답한 사람을 찾아 ○ 표시하세요.

Track 07-09

❶ 今日(きょう)の お昼(ひる)は 何(なに)を 食(た)べますか。

A ( )　　B ( )

❷ 何(なに)か ほしい ものが ありますか。

A ( )　　B ( )

쓰기연습

3. 다음 문장을 우리말로 해석하세요.

❶ ポケットの 中に 何も ありませんでした。

→ ______________________________

❷ インターネットで 安くて 楽な ベッドを 買いました。

→ ______________________________

❸ ずっと 前から ほしかった ものです。

→ ______________________________

Hint
- □ ポケット 주머니
- □ インターネット 인터넷
- □ 楽だ 편하다
- □ ずっと 계속

4. 다음 문장을 일본어로 작문하세요.

❶ 어제는 강남에서 친구를 만났습니다.

→ ______________________________

❷ 이번 일요일에는 영화를 보고 싶습니다.

→ ______________________________

❸ 뭔가 먹고 싶은 것이 있나요?

→ ______________________________

❹ 지금은 갖고 싶은 것이 없습니다.

→ ______________________________

Hint
- □ 今度 이번, 다음

CHAPTER 08

傘(かさ)を 持(も)って 来(き)て ください。

우산을 가지고 오세요.

학습 목표

동사의 연결형인 て형을 익힌다.
요구, 요청하는 표현을 써서 말할 수 있다.

포인트

① 동사의 て형
② ～てください
③ ～てから
④ ～て 行(い)く
⑤ ～て 来(く)る

☑ **복습** 다음 문장을 일본어로 말해 보세요.

☐ 어제는 학교에 안 갔습니다.
☐ 어제는 아침밥을 안 먹었습니다.
☐ 오늘은 맥주가 마시고 싶습니다.
☐ 갖고 싶은 것이 없습니다.

회화술술

Track 08-01

A 晩(ばん)ごはん、どうする？

B 友(とも)だちに 会(あ)って 食(た)べる。

A 起(お)きて まず 何(なに)を しますか。

B シャワーを 浴(あ)びてから コーヒーを 飲(の)みます。

A 宿題(しゅくだい)は ペンで 書(か)いて ください。

B シャーペンは だめですか。

A 私(わたし)は 何(なに)を 買(か)って 行(い)きましょうか。

B そうですね。 ケーキを 買(か)って 来(き)て ください。

word

- □ まず 일단
- □ ペン 펜
- □ シャーペン 샤프펜슬
- □ だめだ 안 된다

본문 해석

A와 B로 역할을 바꾸어 가며 말하기 연습을 해 보세요.

A Track 08-02
B Track 08-03

A 저녁밥은 어떻게 할래?

일본어로 말해 보세요.

B 친구 만나서 먹을래.

A 일어나서 일단 뭘 해요?

B 샤워를 하고 나서 커피를 마십니다.

A 숙제는 펜으로 써 주세요.

B 샤프는 안 되나요?

A 저는 뭘 사 갈까요?

B 글쎄요. 케이크를 사 오세요.

문법톡톡

1 동사의 て형 ~하고, ~해서

그룹	형태	예
1그룹	어미 う, つ, る → って	会う → 会って 만나고, 만나서
		待つ → 待って 기다리고, 기다려서
		※ 帰る → 帰って 돌아가고, 돌아가서
	어미 ぬ, む, ぶ → んで	遊ぶ → 遊んで 놀고, 놀아서
		飲む → 飲んで 마시고, 마셔서
	어미 く → いて	書く → 書いて 쓰고, 써서
		※ 行く → 行って 가고, 가서
	어미 ぐ → いで	泳ぐ → 泳いで 수영하고, 수영해서
	어미 す → して	話す → 話して 이야기하고, 이야기해서
2그룹	어미 る+て	食べる → 食べて 먹고, 먹어서
		起きる → 起きて 일어나고, 일어나서
		教える → 教えて 가르치고, 가르쳐서
3그룹	불규칙적	する → して 하고, 해서
		来る → 来て 오고, 와서

晩ごはんは 家に 帰って 食べる。 저녁밥은 집에 가서 먹는다.

薬を 飲んで ゆっくり 休む。 약을 먹고 푹 쉰다.

日本に 行って 買い物したい。 일본에 가서 쇼핑하고 싶다.

word

- □ 待つ 기다리다
- □ 遊ぶ 놀다
- □ 教える 가르치다
- □ 薬を 飲む 약을 먹다

문법톡톡

2 ～て ください ～해 주세요, ～하세요

1ページ(いちぺーじ)を 見(み)て ください。

1페이지를 보세요.

大(おお)きい 声(こえ)で 読(よ)んで ください。

큰 소리로 읽으세요.

ビール(びーる)を 買(か)って 来(き)て ください。

맥주를 사 오세요.

宿題(しゅくだい)をして 来(き)て ください。

숙제를 해 오세요.

> **Tip**
>
> 이 표현은 깍듯하게 예의를 갖춘 부탁이라기보다는 어떠한 행동을 요구하는 표현에 가까워요. 따라서 '～하세요'라는 뜻이 있다는 것도 알아 두는 것이 좋겠습니다.
>
> 勉強(べんきょう)して ください。 공부하세요.
>
> 入(はい)って ください。 들어오세요.
>
> やめてください。 그만하세요(하지 마세요).

3 ～てから ～하고 나서

終(お)わってから 友(とも)だちに 会(あ)いました。

끝나고 나서 친구를 만났습니다.

手(て)を 洗(あら)ってから 食(た)べて ください。

손을 씻고 나서 먹으세요.

word

- □ ページ(ぺーじ) 페이지
- □ 声(こえ) (목)소리
- □ 手(て) 손

4 ～て 行く ～하고 가다, ～해 가다

傘を 持って 行きましょうか。

우산을 가지고 갈까요?

ケーキを 買って 行きました。

케이크를 사 갔습니다.

5 ～て 来る ～하고 오다, 해 오다

傘を 持って 来て ください。

우산을 가지고 오세요.

ケーキを 買って 来ました。

케이크를 사 왔습니다.

word

□ 持っ 들다, 가지다

패턴콕콕

주어진 단어와 표현을 활용하여 패턴 연습을 해 보세요.

Track 08-04

1

A 朝(あさ) 起(お)きて、まず 何(なに)を しますか。

B **お水(みず)を 一杯(いっぱい) 飲(の)**んで **シャワー(しゃわ)を 浴(あ)び**ます。

① お水(みず)を 一杯(いっぱい) 飲(の)む / シャワー(しゃわ)を 浴(あ)びる

② 顔(かお)を 洗(あら)う / 歯(は)を みがく

③ 朝(あさ)ごはんを 食(た)べる / コーヒー(こひ)を 飲(の)む

④ すぐ ジム(じむ)に 行(い)く / 運動(うんどう)を する

word
- □ お水(みず) 물
- □ 一杯(いっぱい) 한 잔
- □ 歯(は)を みがく 이를 닦다
- □ すぐ 곧바로

Track 08-05

2

A 終(お)わってから 何(なに)を しましたか。

B **友(とも)だちに 会(あ)**って **映画(えいが)を 見(み)**ました。

① 友(とも)だちに 会(あ)う / 映画(えいが)を 見(み)る

② デパート(でぱと)に 行(い)く / 買(か)い物(もの)を する

③ 友(とも)だちと お酒(さけ)を 飲(の)む / 家(いえ)まで 歩(ある)く

④ すぐ 家(いえ)に 帰(かえ)る / ゆっくり 休(やす)む

word
- □ 歩(ある)く 걷다

Track 08-06

3

A 今度の 休みに 何が したいですか。

B **映画を 見**てから **お酒を 飲み**たいです。

① 映画を 見る / お酒を 飲む

② コーヒーを 飲む / 買い物を する

③ 運動を する / ゆっくり 休む

④ ドライブを する / おいしい ものを 食べる

word

- □ ドライブ 드라이브

Track 08-07

4

A 私も 手伝いましょうか。

B じゃ、**お皿を 洗っ**て ください。

① お皿を 洗う

② テーブルに お皿を 並べる

③ ビールを 買って 来る

④ テーブルと 椅子を 片付ける

word

- □ 手伝う 돕다
- □ お皿 접시
- □ 並べる 나란히 놓다
- □ 片付ける 정리하다

연습착착

듣기연습

1. 다음을 잘 듣고 주말에 한 일의 순서대로 빈칸에 번호를 적으세요. Track 08-08

a.

(　　　　)

b.

(　　　　)

c.

(　　　　)

d.

(　　　　)

2. 다음을 잘 듣고 지시한 내용을 알맞게 나타낸 그림에는 ○, 그렇지 않은 그림에는 × 표시하세요. Track 08-09

❶

(　　　　)

❷

(　　　　)

❸

(　　　　)

❹

(　　　　)

쓰기연습

3. 다음 문장을 우리말로 해석하세요.

❶ 8ページ(はちぺじ)を 読(よ)んで 来(き)て ください。

→ ______________________________

❷ 家(いえ)に 帰(かえ)って シャワー(しゃわ)を 浴(あ)びてから ビール(びる)を 飲(の)みたい。

→ ______________________________

❸ 仕事(しごと)が 終(お)わってから 友(とも)だちに 会(あ)って 映画(えいが)を 見(み)ました。

→ ______________________________

4. 다음 문장을 일본어로 작문하세요.

❶ 친구를 만나서 영화를 보고 나서 쇼핑을 했습니다.

→ ______________________________

❷ 커피를 마시고 나서 귀가했습니다.

→ ______________________________

❸ 밥을 먹고 나서 약을 먹으세요.

→ ______________________________

❹ 케이크를 사 오세요.

→ ______________________________

CHAPTER 09

ここに車(くるま)を止(と)めてもいいですか。

여기에 차를 세워도 되나요?

학습 목표

동사 て형을 이용하여 진행과 상태를 말할 수 있다.
동사 て형을 이용하여 허가와 금지의 표현을 익힌다.

포인트

① ~ている
② ~ている의 활용 1
③ ~ている의 활용 2
④ 허가와 금지

☑ **복습** 다음 문장을 일본어로 말해 보세요.

- ☐ 백화점에 가서 쇼핑을 했습니다.
- ☐ 손을 씻고 나서 먹읍시다.
- ☐ 히라가나로 써 주세요.
- ☐ 케이크를 사 오세요.

회화술술

Track 09-01

A 今(いま) どこですか。

B 今(いま) ジム(じむ)で 運動(うんどう)して います。

A 彼女(かのじょ)も 来(き)て いますか。

B ええ、あそこの めがねを かけて いる 人(ひと)です。

A 晩(ばん)ごはん、食(た)べましたか。

B いいえ、まだ 食(た)べて いません。

A ここに ゴミ(ごみ)を 捨(す)てても いいですか。

B すみません、ここには ちょっと・・・。

word

- □ 彼女(かのじょ) 그녀, 여자 친구
- □ めがねを かける 안경을 쓰다
- □ ゴミ(ごみ) 쓰레기
- □ 捨(す)てる 버리다

본문 해석

A와 B로 역할을 바꾸어 가며 말하기 연습을 해 보세요.

A Track 09-02
B Track 09-03

A 지금 어디예요?

일본어로 말해 보세요.

B 지금 피트니스 센터에서 운동하고 있습니다.

A 여자 친구도 왔어요?

B 예, 저기 안경 쓴 사람입니다.

A 저녁 먹었어요?

B 아니요, 아직 안 먹었습니다.

A 여기에 쓰레기를 버려도 되나요?

B 죄송한데, 여기에다가는 좀…

문법톡톡

1 ~て いる 상태・진행

(1) ~하고 있다:【동사 て형】+て いる

運動(うんどう)をして いる。 운동을 하고 있다.

(2) ~하고 있지 않다:【동사 て형】+て いない

運動(うんどう)をして いない。 운동을 하고 있지 않다.

Tip 정중형은 いる 대신에 います로 말합니다.

2 ~て いる의 활용 1

(1) 진행

母(はは)は 今(いま) 新聞(しんぶん)を 読(よ)んで います。

엄마는 지금 신문을 읽고 있습니다.

父(ちち)は 晩(ばん)ごはんを 作(つく)って います。

아빠는 저녁밥을 만들고 있습니다.

(2) 상태나 습관

姉(あね)は 学校(がっこう)で 働(はたら)いて います。

언니는 학교에서 일합니다.

兄(あに)は 働(はたら)いて いません。

형은 (요즘) 일을 안 합니다.

word

- □ 母(はは) (나의) 어머니
- □ 新聞(しんぶん) 신문
- □ 父(ちち) (나의) 아버지
- □ 作(つく)る 만들다
- □ 姉(あね) (나의) 언니, 누나
- □ 働(はたら)く 일하다
- □ 兄(あに) (나의) 오빠, 형

문법톡톡

3 ~て いるの 활용 2

(1) 착용

妹(いもうと)は ワンピース(わんぴーす)を 着(き)て います。 여동생은 원피스를 입고 있습니다.

弟(おとうと)は 帽子(ぼうし)を かぶって います。 남동생은 모자를 썼습니다.

(2) 날씨

今日(きょう)は 晴(は)れて います。 오늘은 날이 갰습니다.

今(いま)は 雨(あめ)が 降(ふ)って いません。 지금은 비가 안 옵니다.

4 허가와 금지

(1) ~해도 돼요: 【동사 て형】+ても いいです

ここに 車(くるま)を 止(と)めても いいですか。 여기에 차를 세워도 되나요?

ここで タバコ(たばこ)を 吸(す)っても いいですか。
여기에서 담배를 피워도 되나요?

A 入(はい)っても いいですか。 들어가도 되나요?

B1 はい、入(はい)っても いいです。 네, 들어와도 됩니다.

B2 いいですよ、どうぞ。 괜찮아요. 들어오세요.

(2) ~해서는 안 돼요: 【동사 て형】+ては いけません

ここに ゴミ(ごみ)を 捨(す)てては いけません。
여기에 쓰레기를 버리면 안 됩니다.

ここで 泳(およ)いでは いけません。 여기에서 수영하면 안 됩니다.

word

- □ 妹(いもうと) (나의) 여동생
- □ ワンピース(わんぴーす) 원피스
- □ 弟(おとうと) (나의)남동생
- □ かぶる (모자 등을) 쓰다
- □ 晴(は)れる 맑다, 날이 개다
- □ 雨(あめ)が 降(ふ)る 비가 오다
- □ 車(くるま) 자동차
- □ 止(と)める 세우다
- □ 入(はい)る 들어가다, 들어오다
- □ 泳(およ)ぐ 수영하다

문법 정리

동사의 변화 정리

그룹	기본형	~ない	~ます	~て
1그룹	会(あ)う	会(あ)わない	会(あ)います	会(あ)って
	待(ま)つ	待(ま)たない	待(ま)ちます	待(ま)って
	ある	ない	あります	あって
	飲(の)む	飲(の)まない	飲(の)みます	飲(の)んで
	聞(き)く	聞(き)かない	聞(き)きます	聞(き)いて
	脱(ぬ)ぐ	脱(ぬ)がない	脱(ぬ)ぎます	脱(ぬ)いで
	話(はな)す	話(はな)さない	話(はな)します	話(はな)して
	※ 行(い)く	行(い)かない	行(い)きます	※ 行(い)って
2그룹	食(た)べる	食(た)べない	食(た)べます	食(た)べて
	いる	いない	います	いて
3그룹	する	しない	します	して
	来(く)る	来(こ)ない	来(き)ます	来(き)て
		う단 → あ단+ない	う단 → い단+ ます	う, つ, る → って ぬ, む, ぶ → んで く/ぐ → いて/いで す → して

패턴콕콕

주어진 단어와 표현을 활용하여 패턴 연습을 해 보세요.

Track 09-04

1

A 今(いま) 本(ほん)を 読(よ)んで いますか。

B はい、読(よ)んで います。

いいえ、読(よ)んで いません。

① 今(いま) 本(ほん)を 読(よ)む

② まだ 雨(あめ)が 降(ふ)る

③ 最近(さいきん) 運動(うんどう)する

④ 結婚(けっこん)する

word

□ 最近(さいきん) 최근

□ 結婚(けっこん)する 결혼하다

Track 09-05

2

A 彼女(かのじょ)も 来(き)て いますか。

B ええ、あそこの ワンピース(わんぴーす)を 着(き)て いる 人(ひと)です。

① ワンピース(わんぴーす) / 着(き)る

② ジーンズ(じんず) / はく

③ 帽子(ぼうし) / かぶる

④ めがね / かける

word

□ ジーンズ(じんず) 청바지

Track 09-06

3

A 昼(ひる)ごはん、食(た)べましたか。

B はい、食(た)べました。

いいえ、食(た)べて いません。

① 昼(ひる)ごはん / 食(た)べる

② あの 映画(えいが) / 見(み)る

③ 薬(くすり) / 飲(の)む

④ あの 本(ほん) / 読(よ)む

Track 09-07

4

A ここに ゴミ(ごみ)を 捨(す)てても いいですか。

B すみませんが、ここに ゴミ(ごみ)を 捨(す)てては いけません。

① ここに ゴミ(ごみ)を 捨(す)てる

② ここに 荷物(にもつ)を 置(お)く

③ ここで タバコ(たばこ)を 吸(す)う

④ ここで 写真(しゃしん)を 撮(と)る

word

□ 荷物(にもつ) 짐

□ 置(お)く 두다, 놓다

□ 写真(しゃしん)を 撮(と)る 사진을 찍다

연습착착

듣기연습

1. 다음을 잘 듣고 木村(きむら)さん, 森(もり)さん, 石田(いしだ)さん을 찾아 맞는 그림 아래 이름을 써 주세요.

Track 09-08

a.

(　　　　)

b.

(　　　　)

c.

(　　　　)

Hint
□ スーツ(すーつ) 양복

2. 다음을 잘 듣고 허가된 행동이면 ○, 금지된 행동이면 × 표시하세요.

Track 09-09

❶

(　　　　)

❷

(　　　　)

❸

(　　　　)

Hint
□ 電話(でんわ)を かける
전화를 걸다

쓰기연습

3. 다음 문장을 우리말로 해석하세요.

❶ 彼は 今 シャワーを 浴びて います。

→ ______________________________

❷ ワンピースを 着て いる 人が うちの 先生です。

→ ______________________________

❸ ここで ジャケットを 脱いでは いけません。

→ ______________________________

Hint

- □ うちの+【명사】 우리+【명사】
- □ ジャケット 재킷
- □ 脱ぐ 벗다

4. 다음 문장을 일본어로 작문하세요.

❶ 교실에서 친구를 기다리고 있습니다.

→ ______________________________

❷ 점심은 아직 안 먹었습니다.

→ ______________________________

❸ 남편은 아직 안 일어났습니다.

→ ______________________________

❹ 잠깐 화장실을 빌려도 되나요?

→ ______________________________

Hint

- □ 夫 남편
- □ ちょっと 조금, 잠깐
- □ 借りる 빌리다

CHAPTER 10

休(やす)みの 日(ひ)は 何(なに)も しなくても いいです。

쉬는 날에는 아무것도 안 해도 됩니다.

학습 목표

동사 부정형인 ない 형을 이용한 문형을 익히고 말할 수 있다.

포인트

① ない 형의 응용
② ～ないで
③ ～ないで ください
④ ～なければ いけません
⑤ ～なくても いいです

☑ **복습** 다음 문장을 일본어로 말해 보세요.

☐ 지금 피트니스 센터에서 운동하고 있습니다.
☐ 원피스를 입은 사람은 누구예요?
☐ 아직 안 먹었습니다.
☐ 여기에 쓰레기를 버려도 되나요?

회화술술

Track 10-01

A コーヒー(こひ)に シロップ(しろっぷ)を 入(い)れましょうか。

B 入(い)れないで ください。

A この 写真(しゃしん)、捨(す)てても いいですか。

B それは 捨(す)てないで ください。

A お昼休(ひるやす)みは 何時(なんじ)までですか。

B 1時(いちじ)までには 戻(もど)らなければ いけません。

A 私(わたし)も 手伝(てつだ)いましょうか。

B いえいえ、何(なに)も しなくても いいです。

word

- □ シロップ(しろっぷ) 시럽
- □ 入(い)れる 넣다
- □ お昼休(ひるやす)み 점심시간
- □ 戻(もど)る 돌아가다, 돌아오다

본문 해석

A와 B로 역할을 바꾸어 가며 말하기 연습을 해 보세요.

Ⓐ Track 10-02
Ⓑ Track 10-03

A 커피에 시럽을 넣을까요?

일본어로 말해 보세요.

B 넣지 말아 주세요.

A 이 사진, 버려도 되나요?

B 그건 버리지 마세요.

A 점심시간은 몇 시까지예요?

B 1시까지는 들어가야 합니다.

A 저도 도울까요?

B 아니요, 아무것도 안 해도 됩니다.

1 ない형의 응용

CHAPTER 05에서 동사의 부정형인 **ない**형을 배웠습니다. 어떤 그룹의 동사인지에 따라 **ない**가 접속하는 형태에 차이가 있습니다. CHAPTER 10에서는 **ない**형을 이용한 여러 가지 응용 표현을 알아봅니다. 학습을 시작하기 전에 **ない**형 만드는 법을 다시 한번 살펴보겠습니다.

그룹	형태	예
1그룹	어미 う단 → あ단+ない	使(つか)う → 使(つか)わない
		飲(の)む → 飲(の)まない
2그룹	어미 る +ない	見(み)る → 見(み)ない
3그룹	불규칙적	する → しない
		来(く)る → 来(こ)ない

2 ～ないで ～하지 않고, ～하지 말고

寝(ね)ないで 勉強(べんきょう)する。 자지 않고 공부한다.

原作(げんさく)を 読(よ)まないで 映画(えいが)を 見(み)る。 원작을 읽지 않고 영화를 본다.

財布(さいふ)を 持(も)たないで 出(で)かける。 지갑을 들지 않고 외출한다.

Tip ～ないで와 ～なくて 비교

❶ ～ないで ～하지 않고, ～하지 말고

娘(むすめ)は ご飯(はん)も 食(た)べないで 寝(ね)て います。

딸은 밥도 안 먹고 자고 있습니다.

❷ ～なくて ～하지 않아서

娘(むすめ)が ご飯(はん)を 食(た)べなくて 心配(しんぱい)です。

딸이 밥을 안 먹어서 걱정입니다.

word

□ 原作(げんさく) 원작

□ 出(で)かける 외출하다

□ 心配(しんぱい)だ 걱정이다

문법톡톡

3 ～ないで ください ～하지 마세요

忘(わす)れないで ください。 잊지 마세요.

何(なに)も 言(い)わないで ください。 아무 말도 하지 마세요.

掃除中(そうじちゅう)ですから 入(はい)らないで ください。

청소 중이니까 들어오지 마세요.

4 ～なければ いけません ～해야 합니다

毎日(まいにち) 薬(くすり)を 飲(の)まなければ いけません。

매일 약을 먹어야 합니다.

毎週(まいしゅう) 病院(びょういん)に 行(い)かなければ いけません。

매주 병원에 가야 합니다.

毎月(まいつき) ケータイ代(けーたいだい)を 払(はら)わなければ いけません。

매달 휴대폰비를 내야만(지불해야만) 합니다.

> **Tip** 같은 뜻으로 ～なければ なりません도 쓸 수 있습니다.
>
> 今週(こんしゅう)は 土曜日(どようび)も 出社(しゅっしゃ)しなければ なりません。
>
> 이번 주는 토요일도 출근해야 합니다.
>
> 1時(いちじ)までには 戻(もど)らなければ なりません。
>
> 1시까지는 돌아가야 합니다.

word

- □ 忘(わす)れる 잊다
- □ 掃除(そうじ) 청소
- □【명사】+ 中(ちゅう) ～하는 도중
- □ 毎週(まいしゅう) 매주
- □ 病院(びょういん) 병원
- □ 毎月(まいつき) 매달
- □ ～代(だい) ～값
- □ 払(はら)う 지불하다
- □ 出社(しゅっしゃ) 출근

5 ~なくても いいです ~ 하지 않아도 됩니다

入院(にゅういん)は しなくても いいです。

입원은 하지 않아도 됩니다.

もう 来(こ)なくても いいです。

이제 오지 않아도 됩니다.

日曜日(にちようび)は 会社(かいしゃ)に 行(い)かなくても いいです。

일요일에는 회사에 가지 않아도 됩니다.

あそこの レストラン(れすとらん)なら、予約(よやく)しなくても いいです。

그 레스토랑이라면 예약하지 않아도 됩니다.

word

- □ 入院(にゅういん) 입원
- □ もう 이제, 벌써
- □ レストラン(れすとらん) 레스토랑
- □ 予約(よやく) 예약

패턴콕콕

주어진 단어와 표현을 활용하여 패턴 연습을 해 보세요.

Track 10-04

1

A 昨日(きのう)も **ラーメンを 食(た)べ**て 寝(ね)ましたか。

B いいえ、昨日(きのう)は **食(た)べ**ないで 寝(ね)ました。

① ラーメンを 食(た)べる

② 新聞(しんぶん)を 読(よ)む

③ 日記(にっき)を 書(か)く

④ 掃除(そうじ)を する

word
- □ 日記(にっき) 일기

Track 10-05

2

A **テレビを つけ**ても いいですか。

B **勉強(べんきょう)を して います**から、**つけ**ないで ください。

① テレビを つける / 勉強(べんきょう)を して います

② 電気(でんき)を 消(け)す / 本(ほん)を 読(よ)んで います

③ お酒(さけ)を 飲(の)む / 薬(くすり)を 飲(の)んで います

④ 中(なか)に 入(はい)る / 掃除中(そうじちゅう)です

word
- □ つける (전원을) 켜다
- □ 消(け)す 끄다, 지우다
- □【문장】+から ~때문에

Track 10-06

3

A 忙しいですか。

B ええ、スーパーに 行く 前に ジムに 行かなければ いけません。

① スーパーに 行く / ジムに 行く

② 学期が 終わる / レポートを 書く

③ 寝る / 宿題を する

④ 友だちに 会う / お金を 下ろす

word

□ スーパー 슈퍼마켓, 마트

□ 学期 학기

□ レポート 리포트

□ お金を 下ろす 돈을 인출하다

Track 10-07

4

A 明日も 学校に 行きますか。

B 週末ですから 行かなくても いいです。

① 学校に 行く / 週末です

② 会社を 休む / 風邪が 治りました

③ 勉強を する / テストが 終わりました

④ 傘を 持って 行く / 雨じゃないです

word

□ 風邪 감기

□ 治る 낫다

□ テスト 테스트

연습착착

듣기연습

1. 다음을 잘 듣고 해야 하는 일에는 ○, 하지 않아도 되는 일에는 X 표시하세요.

Track 10-08

❶ 

(　　　)

❷ 
(　　　)

❸ 
(　　　)

2. 다음을 잘 듣고 지시에 맞게 행동한 사람에게는 ○, 지시를 어긴 사람에게는 X 표시하세요.

Track 10-09

❶ 
(　　　)

❷ 
(　　　)

❸ 
(　　　)

Hint
□ ゴミ箱(ごみばこ) 쓰레기통

쓰기연습

3. 다음 문장을 우리말로 해석하세요.

❶ 私(わたし)の コーヒーには 何(なに)も 入(い)れないで ください。

→ ______________________________

❷ 今日(きょう)は 早(はや)く 帰(かえ)らなければ なりません。

→ ______________________________

❸ 傘(かさ)は 持(も)って いますから、買(か)って 来(こ)なくても いいです。

→ ______________________________

> **Hint**
> □ 早(はや)く 일찍

4. 다음 문장을 일본어로 작문하세요.

❶ 여기에 쓰레기를 버리지 마세요.

→ ______________________________

❷ 내일도 7시에 일어나야 합니다.

→ ______________________________

❸ 오늘은 회사에 가지 않아도 됩니다.

→ ______________________________

❹ 내일은 책을 가지고 오지 않아도 됩니다.

→ ______________________________

문법정리

형태별 응용 표현 정리

동사 ます형

	형태	표현
ます형	1그룹: 어미 う단 → い단+ます 2그룹: 어미 る+ます 3그룹: する → します 来(く)る→ 来(き)ます	• ～ます ～합니다 • ～ました ～했습니다 • ～ません ～하지 않습니다 • ～ませんでした ～하지 않았습니다
		• ～ましょう ～합시다 • ～ましょうか ～할까요 • ～ませんか ～하지 않겠습니까
		• ～たいです ～하고 싶어요 • ～たかったです ～하고 싶었어요 • ～たくないです ～하고 싶지 않아요 • ～たくなかったです ～하고 싶지 않았어요
		• ～に 行(い)く ～하러 가다
		• ～ながら ～하면서

동사 ない형

	형태	표현
ない형	1그룹: 어미う단 →あ단+ない 2그룹: 어미 る+ない 3그룹: する → しない 来(く)る→ 来(こ)ない	・~ないで ください ~하지 마세요 ・~なければ いけません ~해야 합니다 ・~なくても いいです ~하지 않아도 됩니다

동사 て형

	형태	표현
て형	1그룹: 어미う・つ・る → って ぬ・む・ぶ → んで く → いて ぐ → いで す → して 2그룹: 어미 る+て 3그룹: する → して 来(く)る→ 来(き)て	・~て ください ~해 주세요
		・~ても いいです ~해도 됩니다 ・~ては いけません ~하면 안 됩니다
		・~て います ~하고 있습니다 ・~て いました ~하고 있었습니다 ・~て いません ~하고 있지 않습니다 ・~て いませんでした ~하지 않았습니다
		・~てから ~하고 나서

부록

패턴콕콕 정답

CHAPTER 02 ▶ 28쪽~29쪽

1

① A おはようございます。
B おはようございます。
② A こんにちは。
B こんにちは。
③ A こんばんは。
B こんばんは。
④ A おつかれさまです。
B おつかれさまです。

2

① A では、また(じゃ、また)。
B では、また(じゃ、また)。
② A また 明日(あした)。
B また 明日(あした)。
③ A また 来週(らいしゅう)。
B また 来週(らいしゅう)
④ A よい 週末(しゅうまつ)を。
B よい 週末(しゅうまつ)を

3

① A どうぞ。
B すみません。
② A どうぞ。
B いただきます。
③ A おめでとうございます。
B ありがとうございます。
④ A ありがとうございます。
B いえいえ。

4

① A はじめまして。加藤(かとう)です。
B はじめまして。大野(おおの)です。よろしく お願(ねが)いします。
A こちらこそ、よろしく お願(ねが)いします。
② A はじめまして。山田(やまだ)です。
B はじめまして。木村(きむら)です。よろしく お願(ねが)いします。
A こちらこそ、よろしく お願(ねが)いします。
③ A はじめまして。永野(ながの)です。
B はじめまして。中田(なかた)です。よろしく お願(ねが)いします。
A こちらこそ、よろしく お願(ねが)いします。
④ A はじめまして。鈴木(すずき)です。
B はじめまして。山本(やまもと)です。よろしく お願(ねが)いします。
A こちらこそ、よろしく お願(ねが)いします。

CHAPTER 03 ▶ 38쪽~39쪽

1

① A 会社員(かいしゃいん)ですか。
B はい、会社員(かいしゃいん)です。 /いいえ、会社員(かいしゃいん)じゃないです。
② A 大学生(だいがくせい)ですか。
B はい、大学生(だいがくせい)です。 /いいえ、大学生(だいがくせい)じゃないです。
③ A 韓国人(かんこくじん)ですか。
B はい、韓国人(かんこくじん)です。/いいえ、韓国人(かんこくじん)じゃないです。
④ A 日本人(にほんじん)ですか。
B はい、日本人(にほんじん)です。 /いいえ、日本人(にほんじん)じゃないです。

2

① A これは 誰(だれ)の 傘(かさ)ですか。

B それは 私の 傘です。

② A これは 誰の コーヒーですか。

B それは 先生の コーヒーです。

③ A これは 誰の 財布ですか。

B それは 加藤さんの 財布です。

④ A これは 誰の ケータイですか。

B それは 私の 友だちの ケータイです。

3

① A お誕生日は いつですか。

B 12月 6日です。

② A お誕生日は いつですか。

B 7月 1日です。

③ A お誕生日は いつですか。

B 4月 12日です。

④ A お誕生日は いつですか。

B 9月 20日です。

4

① A あの かばんは いくらですか。

B あれは 10,000 円です。

② A あの めがねは いくらですか。

B あれは 8,000 円です。

③ A あの 帽子は いくらですか。

B あれは 3,600 円です。

④ A あの 靴は いくらですか。

B あれは 6,800 円です。

CHAPTER 04 ▸ 48쪽~49쪽

1

① A 寿司と 刺身と どちらが おいしいですか。

B 寿司の ほうが おいしいです。

② A 日本語と 英語と どちらが おもしろいですか。

B 日本語の ほうが おもしろいです。

③ A 東京と ソウルと どちらが にぎやかですか。

B 東京の ほうが にぎやかです。

④ A 焼酎と ビールと どちらが 好きですか。

B 焼酎の ほうが 好きです。

2

① A ケーキの 中で 何が 一番 甘いですか。

B チョコレートケーキが 一番 甘いです。

② A コーヒーの 中で 何が 一番 安いですか。

B ブラックコーヒーが 一番 安いです。

③ A 日本料理の 中で 何が 一番 好きですか。

B 寿司が 一番 好きです。

④ A 韓国料理の 中で 何が 一番 有名ですか。

B キムチが 一番 有名です。

3

① A 昨日は 忙しかったですか。

B はい、忙しかったです。/いいえ、忙しくなかったです。

② A 昨日は 天気が よかったですか。

B はい、よかったです。/いいえ、よくなかったです。

③ A 宿題は 難しかったですか。

B はい、難しかったです。/いいえ、難しくなかったです。

④ A 旅行は 楽しかったですか。

B はい、楽しかったです。/いいえ、楽しくなかったです。

4

① A 先生は どんな 人ですか。

B 元気で おもしろい 人です。

② A 先生は どんな 人ですか。

B 真面目で 優しい 人です。

③ A 先生は どんな 人ですか。

B 上品で 静かな 人です。

④ A 先生は どんな 人ですか。

B 明るくて 気さくな 人です。

CHAPTER 05 ▶ 60쪽~61쪽

1

① A コーヒーを 毎日 飲む 人は 何人ですか。
B コーヒーを 毎日 飲む 人は 7人です。

② A 朝ごはんを 食べない 人は 何人ですか。
B 朝ごはんを 食べない 人は 4人です。

③ A 土曜日に 会社に 行く 人は 何人ですか。
B 土曜日に 会社に 行く 人は 一人です。

④ A タバコを 吸わない 人は 何人ですか。
B タバコを 吸わない 人は 二人です。

2

① A タバコを 吸う 人は 嫌いですか。
B 吸わない 人の ほうが いいです。

② A うそを つく 人は 嫌いですか。
B つかない 人の ほうが いいです。

③ A お酒を 飲まない 人は 嫌いですか。
B 飲む 人の ほうが いいです。

④ A 本を 読まない 人は 嫌いですか。
B 読む 人の ほうが いいです。

3

① A テーブルの 上に 何が ありますか。
B 本と 花が あります。

② A ベッドの 上に 何が ありますか。
B 財布と ケータイが あります。

③ A 机の 上に 何が ありますか。
B めがねと 時計が あります。

④ A 椅子の 上に 何が ありますか。
B 帽子と 傘が あります。

4

① A 教室に 先生が いますか。
B はい、先生が います。/いいえ、先生は いません。

② A 部屋に 猫が いますか。
B はい、猫が います。/いいえ、猫は いません。

③ A 公園に 子どもが いますか。
B はい、子どもが います。/いいえ、子どもは いません。

④ A トイレに 友だちが いますか。
B はい、友だちが います。/いいえ、友だちは いません。

CHAPTER 06 ▶ 70쪽~71쪽

1

① A この 近くに コンビニが ありますか。
B はい、コンビニなら、学校の 後ろに あります。

② A この 近くに カフェが ありますか。
B はい、カフェなら、映画館の 下に あります。

③ A この 近くに マックが ありますか。
B はい、マックなら、駅の 前に あります。

④ A この 近くに 本屋が ありますか。
B はい、本屋なら、この ビルの 2階に あります。

2

① A タバコを 吸いますか。
B はい、吸います。/いいえ、吸いません。

② A お昼を 食べますか。
B はい、食べます。/いいえ、食べません。

③ A ケータイで 音楽を 聞きますか。
B はい、聞きます。/いいえ、聞きません。

④ A ネットで 買い物を しますか。
B はい、します。/いいえ、しません。

3

① A たいてい どこで 買い物を しますか。
B たいてい デパートで します。

② A たいてい どこで 晩ごはんを 食べますか。

B たいてい 家で 食べます。

③ A たいてい どこで コーヒーを 飲みますか。

B たいてい スタバで 飲みます。

④ A たいてい どこで 友だちに 会いますか。

B たいてい 会社の 近くで 会います。

4

① A 日曜日、一緒に 映画を 見に 行きませんか。

B いいですね。行きましょう。

② A 明日、一緒に コーヒーを 飲みに 行きませんか。

B いいですね。行きましょう。

③ A 会議の 後、一緒に おいしい ものを 食べに 行きませんか。

B いいですね。行きましょう。

④ A 授業の 後、一緒に 先生に 会いに 行きませんか。

B いいですね。行きましょう。

CHAPTER 07 ▸ 80쪽~81쪽

1

① A 今朝 何時に 起きましたか。

B 7時に 起きました。

② A 夕べ 何時に 寝ましたか。

B 12時に 寝ました。

③ A 仕事は 何時に 始まりましたか。

B 9時に 始まりました。

④ A 授業は 何時に 終わりましたか。

B 4時に 終わりました。

2

① A 寝る 前に テレビを 見ましたか。

B はい、見ました。/いいえ、見ませんでした。

② A 寝る 前に コーヒーを 飲みましたか。

B はい、飲みました。/いいえ、飲みませんでした。

③ A 寝る 前に シャワーを 浴びましたか。

B はい、浴びました。/いいえ、浴びませんでした。

④ A 寝る 前に 顔を 洗いましたか。

B はい、洗いました。/いいえ、洗いませんでした。

3

① A 何か 食べたい ものが ありますか。

B そうですね。今日は カレーが 食べたいです。

② A 何か 飲みたい ものが ありますか。

B そうですね。今日は アイスコーヒーが 飲みたいです。

③ A 何か 見たい 映画が ありますか。

B そうですね。今週末は ホラー映画が 見たいです。

④ A どこか 行きたい ところが ありますか。

B そうですね。今週末は 遊園地に 行きたいです。

4

① A 何か ほしい ものが ありますか。

B そうですね。私は 新しい 財布が ほしいです。

② A 何か ほしい ものが ありますか。

B そうですね。私は 新しい 靴が ほしいです。

③ A 何か ほしい ものが ありますか。

B そうですね。私は 新しい スニーカーが ほしいです。

④ A 何か ほしい ものが ありますか。

B そうですね。私は 新しい ノートパソコンが ほしいです。

CHAPTER 08 ▸ 90쪽~91쪽

1

① A 朝 起きて、まず 何を しますか。

B お水を 一杯 飲んで シャワーを 浴びます。

② A 朝 起きて、まず 何を しますか。

B 顔を 洗って 歯を みがきます。

③ A 朝 起きて、まず 何を しますか。

B 朝ごはんを 食べて コーヒーを 飲みます。

④ A 朝 起きて、まず 何を しますか。

B すぐ ジムに 行って 運動を します。

2

① A 終わってから 何を しましたか。

B 友だちに 会って 映画を 見ました。

② A 終わってから 何を しましたか。

B デパートに 行って 買い物を しました。

③ A 終わってから 何を しましたか。

B 友だちと お酒を 飲んで 家まで 歩きました。

④ A 終わってから 何を しましたか。

B すぐ 家に 帰って ゆっくり 休みました。

3

① A 今度の 休みに 何が したいですか。

B 映画を見てから お酒を 飲みたいです。

② A 今度の 休みに 何が したいですか。

B コーヒーを 飲んでから 買い物を したいです。

③ A 今度の 休みに 何が したいですか。

B 運動を してから ゆっくり 休みたいです。

④ A 今度の 休みに 何が したいですか。

B ドライブを してから おいしい ものを 食べたいです。

4

① A 私も 手伝いましょうか。

B じゃ、お皿を 洗って ください。

② A 私も 手伝いましょうか。

B じゃ、テーブルに お皿を 並べて ください。

③ A 私も 手伝いましょうか。

B じゃ、ビールを 買って 来て ください。

④ A 私も 手伝いましょうか。

B じゃ、テーブルと 椅子を 片付けて ください。

CHAPTER 09 ▶ 100쪽~101쪽

1

① A 今 本を 読んで いますか。

B はい、読んで います。/いいえ、読んで いません。

② A まだ 雨が 降って いますか。

B はい、降って います。/いいえ、降って いません。

③ A 最近 運動して いますか。

B はい、して います。/いいえ、して いません。

④ A 結婚して いますか。

B はい、して います。/いいえ、して いません。

2

① A 彼女も 来て いますか。

B ええ、あそこの ワンピースを 着て いる 人です。

② A 彼女も 来て いますか。

B ええ、あそこの ジーンズを はいて いる 人です。

③ A 彼女も 来て いますか。

B ええ、あそこの 帽子を かぶって いる 人です。

④ A 彼女も 来て いますか。

B ええ、あそこの めがねを かけて いる 人です。

3

① A 昼ごはん、食べましたか。

B はい、食べました。/いいえ、食べていません。

② A あの 映画、見ましたか。

B はい、見ました。/いいえ、見て いません。

③ A 薬、飲みましたか。

B はい、飲みました。/いいえ、飲んでいません。

④ A あの 本、読みましたか。

B はい、読みました。/いいえ、読んで いません。

4

① A ここに ゴミを 捨てても いいですか。

B すみませんが、ここに ゴミを 捨てては いけません。

② A ここに 荷物を 置いても いいですか。

B すみませんが、ここに 荷物を 置いては いけません。

③ A ここで タバコを 吸っても いいですか。

B すみませんが、ここで タバコを 吸っては いけません。

④ A ここで 写真を 撮っても いいですか。

B すみませんが、ここで 写真を 撮っては いけません。

CHAPTER 10 ▸ 110쪽~111쪽

1

① A 昨日も ラーメンを 食べて 寝ましたか。

B いいえ、昨日は 食べないで 寝ました。

② A 昨日も 新聞を 読んで 寝ましたか。

B いいえ、昨日は 読まないで 寝ました。

③ A 昨日も 日記を 書いて 寝ましたか。

B いいえ、昨日は 書かないで 寝ました。

④ A 昨日も 掃除を して 寝ましたか。

B いいえ、昨日は しないで 寝ました。

2

① A テレビを つけても いいですか。

B 勉強を して いますから、つけないで ください。

② A 電気を 消しても いいですか。

B 本を 読んで いますから、消さないで ください。

③ A お酒を 飲んでも いいですか。

B 薬を 飲んで いますから、飲まないで ください。

④ A 中に 入っても いいですか。

B 掃除中ですから、入らないで ください。

3

① A 忙しいですか。

B ええ、スーパーに 行く 前に ジムに 行かなければ いけません。

② A 忙しいですか。

B ええ、学期が 終わる 前に レポートを 書かなければ いけません。

③ A 忙しいですか。

B ええ、寝る 前に 宿題を しなければ いけません。

④ A 忙しいですか。

B ええ、友だちに 会う 前に お金を 下ろさなければ いけません。

4

① A 明日も 学校に 行きますか。

B 週末ですから、行かなくても いいです。

② A 明日も 会社を 休みますか。

B 風邪が 治りましたから、休まなくてもいいです。

③ A 明日も 勉強を しますか。

B テストが 終わりましたから、しなくても いいです。

④ A 明日も 傘を 持って 行きますか。

B 雨じゃないですから、持って 行かなくても いいです。

연습착착 정답

CHAPTER 02 ▶ 30쪽~31쪽

듣기연습

1. ❶ B ❷ A
2. ❶ A ❷ B

쓰기연습

3. すいようび — 수요일
   げつようび — 월요일
   かようび — 화요일
   きんようび — 금요일
   どようび — 토요일
   もくようび — 목요일
   にちようび — 일요일

4. ❶ また らいしゅう。
   ❷ おはようございます。
   ❸ ありがとうございます。
   ❹ すみません。
   ❺ ごめんなさい(すみません)。
   ❻ おめでとうございます。

CHAPTER 03 ▶ 40쪽~41쪽

듣기연습

1. 음성을 듣고 숫자표를 따라 읽으세요.
2. ❶ ななまんはっせん
   ❷ せんはっぴゃく
   ❸ ろっぴゃくきゅうじゅう
   ❹ よんひゃくごじゅう

쓰기연습

3. 1일 — ついたち
   8일 — ようか
   4일 — よっか
   9일 — ここのか
   10일 — とおか
   7일 — なのか
   6일 — むいか
   2일 — ふつか

4. ❶ 会社員(かいしゃいん)じゃないです。
   ❷ 昨日(きのう)じゃなかったです。

5. ❶ 誕生日(たんじょうび)だった。
   ❷ 出張(しゅっちょう)でした。

CHAPTER 04 ▶ 50쪽~51쪽

듣기연습

1. ❶ × ❷ ○ ❸ ○ ❹ ×
2. ❶ × ❷ ○ ❸ × ❹ ×

쓰기연습

3. ❶ よくないです。
   ❷ 高(たか)くない かばん。
   ❸ 楽(たの)しくなかったです。

❹ 暇じゃなかったです。

4. ❶ 天気が よかった。

❷ おいしくなかった。

❸ 好きだった。

❹ 教室は きれいでした。

5. 그는 성실하고 다정하고, 정말로 좋은 사람입니다.

CHAPTER 05 ▶ 62쪽~63쪽

듣기연습

1. ❶ ○ ❷ × ❸ × ❹ ○
2. ❶ 7 ❷ 4 ❸ 9

쓰기연습

3.

그룹	단어	뜻	그룹	단어	뜻
1	行く	가다	1	ある	있다
1	帰る	귀가하다	1	会う	만나다
2	食べる	먹다	1	聞く	듣다
1	飲む	마시다	1	話す	이야기하다
2	いる	있다	2	見る	보다
1	買う	사다	3	来る	오다

4. ❶ タバコを 吸う 人は 嫌いです。

❷ 今日は 日本語の 授業が ある。

❸ 時間は あるが、約束は ない。

❹ テーブルの 下に 猫が いる。

CHAPTER 06 ▶ 72쪽~73쪽

듣기연습

1.
- 9:00pm — 家に 親戚が 来る
- 12:30pm — 昼ごはんを 食べる
- 1:00pm~3:00pm — 映画を 見る
- 4:00pm~5:00pm — ジムで 運動を する
- 7:00pm — カンナムで 友だちに 会う

2. ❶ B ❷ A

쓰기연습

3.

그룹	단어	뜻	ます형	그룹	단어	뜻	ます형
1	買う	사다	買い	1	乗る	타다	乗り
1	帰る	귀가하다	帰り	1	歩く	걷다	歩き
1	待つ	기다리다	待ち	1	聞く	듣다	聞き
1	飲む	마시다	飲み	1	話す	이야기하다	話し
1	始まる	시작되다	始まり	2	見る	보다	見
1	終わる	끝나다	終わり	3	くる	오다	き

4. ❶ 一緒に 聞きましょうか。

❷ 仕事は たいてい 6時ごろ 終わります。

❸ 日本語学校の 前で 友だちに 会います。

❹ 会社まで 地下鉄で 行きます。

CHAPTER 07 ▶ 82쪽~83쪽

듣기연습

1. ❶ ○ ❷ × ❸ ○ ❹ ×
2. ❶ B ❷ A

쓰기연습

3. ❶ 주머니 안에 아무것도 없었습니다.
❷ 인터넷으로 싸고 편한 침대를 샀습니다.
❸ 전부터 계속 갖고 싶었던 것입니다.

4. ❶ 昨日(きのう)は カンナム(かんなむ)で 友(とも)だちに 会(あ)いました。
❷ 今度(こんど)の 日曜日(にちようび)は 映画(えいが)が みたいです。
❸ 何(なに)か 食(た)べたい ものが ありますか。
❹ 今(いま)は ほしい ものが ないです。

CHAPTER 08 ▶ 92쪽~93쪽

듣기연습

1. a 2 b 1 c 3 d 4
2. ❶ ○ ❷ × ❸ × ❹ ○

쓰기연습

3. ❶ 8페이지를 읽어 오세요.
❷ 집에 가서 샤워를 하고 나서 맥주를 마시고 싶다.
❸ 일이 끝나고 나서 친구를 만나서 영화를 봤습니다.

4. ❶ 友(とも)だちに 会(あ)って 映画(えいが)を 見(み)てから 買(か)い物(もの)を しました。
❷ コーヒー(こひ)を 飲(の)んでから 帰(かえ)りました。
❸ ご飯(はん)を 食(た)べてから 薬(くすり)を 飲(の)んで ください。
❹ ケーキ(けき)を 買(か)って 来(き)て ください。

CHAPTER 09 ▶ 102쪽~103쪽

듣기연습

1. a. 木村(きむら)さん b. 石田(いしだ)さん
c. 森(もり)さん

2. ❶ × ❷ ○ ❸ ×

쓰기연습

3. ❶ 그는 지금 샤워를 하고 있습니다.
❷ 원피스를 입고 있는 사람이 우리 선생님입니다.
❸ 여기에서 재킷을 벗으면 안 됩니다.

4. ❶ 教室(きょうしつ)で 友(とも)だちを 待(ま)って います。
❷ お昼(ひる)は まだ 食(た)べて いません。
❸ 夫(おっと)は まだ 起(お)きて いません。
❹ ちょっと トイレ(といれ)を 借(か)りても いいですか。

CHAPTER 10 ▶ 112쪽~113쪽

듣기연습

1. ❶ ○ ❷ × ❸ ○
2. ❶ ○ ❷ × ❸ ×

쓰기연습

3. ❶ 제 커피에는 아무것도 넣지 마세요.
❷ 오늘은 빨리 집에 가야 됩니다.
❸ 우산은 가지고 있으니까, 사 오지 않아도 됩니다.

4. ❶ ここに ゴミ(ごみ)を 捨(す)てないで ください。
❷ 明日(あした)も 7時(しちじ)に 起(お)きなければ いけません。
❸ 今日(きょう)は 会社(かいしゃ)に 行(い)かなくても いいです。
❹ 明日(あした)は 本(ほん)を 持(も)って 来(こ)なくても いいです。

듣기 스크립트

CHAPTER 02 ▶ 30쪽

1. ❶ お誕生日 おめでとうございます。

   A おはようございます。

   B ありがとうございます。

   ❷ では、また。

   A じゃ、また

   B はじめまして。

2. ❶ おはようございます。

   A おはようございます。

   B よろしく お願いします。

   ❷ ありがとうございます。

   A おつかれさまです。

   B いえいえ。

CHAPTER 03 ▶ 40쪽

2. ❶ ななまんはっせんえん

   ❷ せんはっぴゃくえん

   ❸ ろっぴゃくきゅうじゅうえん

   ❹ よんひゃくごじゅうえん

CHAPTER 04 ▶ 50쪽

1. ❶ ビールは 好きじゃありません。

   ❷ ケーキは 好きです。

   ❸ コーヒーは 好きです。

   ❹ タバコは 嫌いです。

2. ❶ 日本の 春は 涼しいです。

   ❷ 韓国の 夏は 本当に 暑いです。

   ❸ 韓国の 秋は あまり 涼しくないです。

   ❹ 日本の 冬は とても 寒いです。

CHAPTER 05 ▶ 62쪽

1. ❶ 机の上に 花が ある。

   ❷ 机の下に 本が ない。

   ❸ 机の上に パソコンが ない。

   ❹ テーブルの 上に 猫が いる。

2. ❶ コーヒーを 毎日 飲む 人は 7人です。

   ❷ コーヒーを 時々 飲む 人は 4人です。

   ❸ コーヒーを 全然 飲まない 人は 9人です。

CHAPTER 06 ▶ 72쪽

1. 12時半に 昼ごはんを 食べます。 1時から 3時まで 映画を 見ます。 4時から 5時まで ジムで 運動します。 7時に カンナムで 友だちに 会います。 9時に 家に 親戚が 来ます。

2. ❶ 木村さんも 一緒に 会いませんか。

   A はい、会いません。

   B いいですね、会いましょう。

❷ 私が 運転しましょうか。

A すみません、お願いします。

B いいえ、持ちません。

CHAPTER 07 ▶ 82쪽

1. ❶ 買い物を しました。

❷ 運動を しませんでした。

❸ お酒を 飲みました。

❹ 旅行に 行きました。

2. ❶ 今日の お昼は 何を 食べますか。

A ラーメンを 食べませんでした。

B 今日は ラーメンが 食べたいです。

❷ 何か ほしい ものが ありますか。

A そうですね。今は ほしい ものが ないです。

B そうですね。私は どこでも いいです。

CHAPTER 08 ▶ 92쪽

1. 朝 起きて 本を 読みました。本を読んで 買い物に 行きました。買い物の 後、友だちと 映画を見てから お酒を 飲みました。

2. ❶ 宿題を して 来て ください。

❷ 泳いで ください。

❸ 薬を 買って 来て ください。

❹ コーヒーを 飲んで ください。

CHAPTER 09 ▶ 102쪽

1. 森さんは 帽子を かぶって いて、めがねを かけて います。木村さんは スーツを 着て いて、ワインを 飲んで いる 人です。石田さんは ワンピースを 着て いて、本を 読んで います。

2. ❶ ここで 泳いでは いけません。

❷ お酒を 飲んでも いいです。

❸ 電話を しては いけません。

CHAPTER 10 ▶ 112쪽

1. ❶ 日曜日は スーパーに 行かなければ いけません。

❷ 電話は しなくても いいです。

❸ 毎日 薬を 飲まなければ なりません。

2. ❶ ここで タバコを 吸って ください。

❷ ここで 写真を 撮らないで ください。

❸ ゴミは ゴミ箱に 捨てて ください。

일본어뱅크

베이시스

초보 탈출 4주 완성 프로젝트!

일본어 STEP 1

김도겸 · 정희순 · 박승주 · 다카하시 미츠히로 · 무카이 히로요시 · 이누미야 요시유키 지음
하야시 요코 감수

실력UP노트

따로 분리해서 사용할 수 있습니다.

동양북스

일본어뱅크

베이스

초보 탈출 4주 완성 프로젝트!

일본어 STEP 1

실력UP노트

동양북스

목차

히라가나 쓰기노트

히라가나를 따라 쓰면서 일본어의 기본 문자를 익힙니다.

あ행

あ	い	う	え	お
[a]	[i]	[u]	[e]	[o]
あ	い	う	え	お

か행

か	き	く	け	こ
[ka]	[ki]	[ku]	[ke]	[ko]
か	き	く	け	こ

さ행

さ	し	す	せ	そ
[sa]	[si]	[su]	[se]	[so]
さ	し	す	せ	そ

た행

た	ち	つ	て	と
[ta]	[chi]	[tsu]	[te]	[to]
た	ち	つ	て	と

な행

な	に	ぬ	ね	の
[na]	[ni]	[nu]	[ne]	[no]
な	に	ぬ	ね	の

は행

は	ひ	ふ	へ	ほ
[ha]	[hi]	[hu]	[he]	[ho]
は	ひ	ふ	へ	ほ

まㅎ행

ま	み	む	め	も
[ma]	[mi]	[mu]	[me]	[mo]
ま	み	む	め	も

や행

や		ゆ		よ
[ya]		[yu]		[yo]
や		ゆ		よ

ら행

ら	り	る	れ	ろ
[ra]	[ri]	[ru]	[re]	[ro]
ら	り	る	れ	ろ

わ행

わ				を
[wa]				[o]
わ				を

ん				
[m/n]				
ん				

탁음

が행

が	ぎ	ぐ	げ	ご
[ga]	[gi]	[gu]	[ge]	[go]
が	ぎ	ぐ	げ	ご

ざ행

ざ	じ	ず	ぜ	ぞ
[za]	[ji]	[zu]	[ze]	[zo]
ざ	じ	ず	ぜ	ぞ

だ행

だ	ぢ	づ	で	ど
[da]	[ji]	[zu]	[de]	[do]
だ	ぢ	づ	で	ど

ば행

ば	び	ぶ	べ	ぼ
[ba]	[bi]	[bu]	[be]	[bo]
ば	び	ぶ	べ	ぼ

반탁음

ぱ행

ぱ	ぴ	ぷ	ぺ	ぽ
[pa]	[pi]	[pu]	[pe]	[po]
ぱ	ぴ	ぷ	ぺ	ぽ

요음

きゃ		きゅ		きょ
[kya]		[kyu]		[kyo]
きゃ		きゅ		きょ

ぎゃ		ぎゅ		ぎょ
[gya]		[gyu]		[gyo]
ぎゃ		ぎゅ		ぎょ

しゃ		しゅ		しょ
[sha]		[shu]		[sho]
しゃ		しゅ		しょ

じゃ		じゅ		じょ
[ja]		[ju]		[jo]
じゃ		じゅ		じょ

ちゃ		ちゅ		ちょ
[cha]		[chu]		[cho]
ちゃ		ちゅ		ちょ

ぢゃ		ぢゅ		ぢょ
[ja]		[ju]		[jo]
ぢゃ		ぢゅ		ぢょ

にゃ		にゅ		にょ
[nya]		[nyu]		[nyo]
にゃ		にゅ		にょ

ひゃ		ひゅ		ひょ
[hya]		[hyu]		[hyo]
ひゃ		ひゅ		ひょ

びゃ		びゅ		びょ
[bya]		[byu]		[byo]
びゃ		びゅ		びょ

ぴゃ		ぴゅ		ぴょ
[pya]		[pyu]		[pyo]
ぴゃ		ぴゅ		ぴょ

みゃ		みゅ		みょ
[mya]		[myu]		[myo]
みゃ		みゅ		みょ

りゃ		りゅ		りょ
[rya]		[ryu]		[ryo]
りゃ		りゅ		りょ

Memo

실력UP 작문노트

본책에서 학습한 문형을 네 단계로 나누어 연습합니다. 다양한 형식의 쓰기 연습을 통해 작문 실력을 키울 수 있습니다.

CHAPTER 02

실력UP 작문노트

1. 이번 시간에 배운 표현을 활용하여 다음 문장을 일본어로 만들어 보세요.

❶ 안녕하세요(아침 인사).

❷ 안녕하세요(점심 인사).

❸ 안녕하세요(저녁 인사).

2. 힌트 단어들을 이용해서 다음 문장을 일본어로 만들어 보세요.

❶ 또 이따가 (봬요).

❷ 저야말로 잘 부탁드립니다.

Hint
- □ 後(あと)で 이따가, 다음에
- □ こちらこそ 이쪽이야말로, 저야말로

QA

Q. よろしく お願(ねが)いします。

A.

3. 다음 표현을 이용해 다음 문장을 일본어로 만들어 보세요.

また ＋【요일 · 일시】

❶ 내일 봐요.

❷ 다음 주에 만나요.

❸ 수요일에 뵐게요.

4. 문장 형태에 유의하면서 다음 문장을 일본어로 만들어 보세요.

❶ 처음 뵙겠습니다. 나가노라고 합니다.

❷ 잘 부탁드립니다.

❸ 생일 축하합니다.

Hint

- □ 永野(ながの) 나가노(일본의 성씨)
- □ お誕生日(たんじょうび) (남의)생일

QA

Q. お誕生日(たんじょうび) おめでとうございます。

A. ______________________

CHAPTER 03

실력UP 작문노트

1. 이번 시간에 배운 표현을 활용하여 다음 문장을 일본어로 만들어 보세요.

❶ 나는 한국 사람입니다.

❷ 오늘은 쉬는 날이 아닙니다.

❸ 어제는 생일이었습니다.

2. 힌트 단어들을 이용해서 다음 문장을 일본어로 만들어 보세요.

❶ 크리스마스는 12월 25일입니다.

❷ 일본의 설날은 매년 1월 1일입니다.

Hint

- □ クリスマス(くりすます) 크리스마스
- □ お正月(しょうがつ) 설날
- □ 毎年(まいとし) 매년

QA

Q. お名前(なまえ)は 何(なん)ですか。

A. ____________________

3. 다음 표현을 이용해 다음 문장을 일본어로 만들어 보세요.

こ・そ・あ・ど

❶ 이것은 누구 가방이에요?

❷ 이 지갑은 누구 거예요?

❸ 저 휴대폰은 얼마예요?

4. 문장 형태에 유의하면서 다음 문장을 일본어로 만들어 보세요.

❶ 오늘은 선생님의 생일입니다.

❷ 그 사전은 일본어 사전이에요?

❸ 저 우산은 300엔이었습니다.

Hint

□ 辞書(じしょ) 사전

QA

Q. 誕生日(たんじょうび)は いつですか。

A.

CHAPTER 04

실력UP 작문노트

1. 이번 시간에 배운 표현을 활용하여 다음 문장을 일본어로 만들어 보세요.

❶ 간단한 숙제였습니다.

---

❷ 월요일은 매우 바빴습니다.

---

❸ 오늘은 날씨가 별로 좋지 않습니다.

---

2. 힌트 단어들을 이용해서 다음 문장을 일본어로 만들어 보세요.

❶ 영어보다 일본어가 더 재미있습니다.

---

❷ 겨울이 제일 좋습니다.

Hint
- □ ～より ～보다
- □ 一番(いちばん) 가장, 제일

QA

Q. ビール(びーる)と 焼酎(しょうちゅう)と どちらが 好(す)きですか。

A. ________________

3. 다음 표현을 이용해 다음 문장을 일본어로 만들어 보세요.

で・くて

❶ 날씨가 좋고 따뜻합니다.

❷ 어제의 술자리는 요리가 맛있고 즐거웠습니다.

❸ 다정하고 좋은 사람입니다.

Hint
- □ 飲み会(のかい) 술자리, 회식
- □ 料理(りょうり) 요리

4. 문장 형태에 유의하면서 다음 문장을 일본어로 만들어 보세요.

❶ 어제는 몸 상태가 별로 좋지 않았습니다.

❷ 호텔은 별로 깨끗하지 않았습니다.

Hint
- □ 体調(たいちょう) 몸 상태
- □ ホテル(ほてる) 호텔

QA

Q. どんな人(ひと)が好(す)きですか。

A.

실력UP 작문노트

1. 이번 시간에 배운 표현을 활용하여 다음 문장을 일본어로 만들어 보세요.

❶ 오늘은 운동을 한다.

❷ 내일은 회사에 안 간다.

❸ 토요일은 친구가 집에 온다.

2. 힌트 단어들을 이용해서 다음 문장을 일본어로 만들어 보세요.

❶ 매일 지하철로 집에 돌아간다.

❷ 가끔 인터넷으로 영화를 본다.

Hint
- □ 地下鉄(ちかてつ) 지하철
- □ 家(いえ) 집
- □ 映画(えいが) 영화

QA

Q. 家(いえ)まで 何(なに)で 帰(かえ)る？

A.

3. 다음 표현을 이용해 다음 문장을 일본어로 만들어 보세요.

【사전형】・【ない형】 + 명사

❶ 커피를 매일 마시는 사람

❷ 내일 학교에 오지 않는 사람

❸ 회사 앞에 있는 이자카야

4. 문장 형태에 유의하면서 다음 문장을 일본어로 만들어 보세요.

❶ 교실에 있는 사람은 선생님인가요?

❷ 책상 위에 있는 우산은 제 것입니다.

❸ 회사 앞에 있는 이자카야는 싸고 맛있습니다.

QA

Q. かばんの 中(なか)に ある 財布(さいふ)は 誰(だれ)のですか。

A.

실력UP 작문노트

1. 이번 시간에 배운 표현을 활용하여 다음 문장을 일본어로 만들어 보세요.

❶ 가끔 혼자서 영화를 봅니다.

❷ 일본에 친구가 있습니다.

❸ 수업은 10시에 시작됩니다.

2. 힌트 단어들을 이용해서 다음 문장을 일본어로 만들어 보세요.

❶ 항상 카페에서 애인을 만납니다.

❷ 대체로 회사 근처에서 쇼핑을 합니다.

Hint
- □ いつも 항상, 언제나
- □ 恋人(こいびと) 애인

QA

Q. たいてい どこで 買(か)い物(もの)を しますか。

A.

3. 다음 표현을 이용해 다음 문장을 일본어로 만들어 보세요.

【ます형】+ に 行(い)く

❶ 커피를 마시러 갈래요?

❷ 편의점에 도시락을 사러 갑니다.

❸ 내일은 친구와 영화를 보러 갑니다.

4. 문장 형태에 유의하면서 다음 문장을 일본어로 만들어 보세요.

❶ 맛있는 것을 먹으러 가지 않을래요?

❷ 어디에서 만날까요?

❸ 택시로 같이 (집에) 갑시다.

QA

Q. 明日(あした)、友(とも)だちに 会(あ)いますか。

A.

CHAPTER 07

실력UP 작문노트

1. 이번 시간에 배운 표현을 활용하여 다음 문장을 일본어로 만들어 보세요.

❶ 영화는 4시에 끝났습니다.

❷ 어제는 학교에 가지 않았습니다.

❸ 맛있는 맥주를 마시고 싶습니다.

2. 힌트 단어들을 이용해서 다음 문장을 일본어로 만들어 보세요.

❶ 뭐 먹고 싶은 거 있어요?

❷ 어디 가고 싶은 나라 있어요?

Hint

- □ 何(なに)か 뭔가, 무엇인가
- □ どこか 어딘가
- □ 国(くに) 나라

QA

Q. 何(なに)か ほしい ものが ありますか。

A.

3. 다음 표현을 이용해 다음 문장을 일본어로 만들어 보세요.

～たい・～ほしい ＋【명사】

❶ 만나고 싶은 사람이 있습니다.

❷ 듣고 싶은 노래가 있었습니다.

❸ 갖고 싶은 것은 없습니다.

4. 문장 형태에 유의하면서 다음 문장을 일본어로 만들어 보세요.

❶ 어제는 카페에서 친구와 케이크를 먹었습니다.

❷ 일본에 있는 가족을 만나고 싶습니다.

❸ 전부터 갖고 싶었던 것입니다.

Hint

□ 家族(かぞく) 가족

QA

Q. 何(なに)か 見(み)たい 映画(えいが)が ありますか。

A. ______________________________

CHAPTER 08

실력UP 작문노트

1. 이번 시간에 배운 표현을 활용하여 다음 문장을 일본어로 만들어 보세요.

❶ 저녁밥은 친구를 만나서 먹겠습니다.

---

❷ 영화를 보고 쇼핑을 하고 집에 갔습니다.

---

❸ 일본에 가서 맥주를 마시고 싶습니다.

---

2. 힌트 단어들을 이용해서 다음 문장을 일본어로 만들어 보세요.

❶ 이를 닦고 나서 잠옷으로 갈아입습니다.

---

❷ 설거지를 하고 나서 잤습니다.

Hint

- □ パジャマ(ぱじゃま) 잠옷
- □ ~に 着替(きが)える ~으로 갈아입다
- □ お皿洗(さらあら)い 설거지

QA

Q. 起(お)きて まず 何(なに)を しますか。

A. ________________

3. 다음 표현을 이용해 다음 문장을 일본어로 만들어 보세요.

~て行(い)く・~て来(く)る

❶ 갔다 올게요.

❷ 커피를 사 오세요.

❸ 우산을 가지고 갑시다.

4. 문장 형태에 유의하면서 다음 문장을 일본어로 만들어 보세요.

❶ 여기서부터는 걸어서 갑시다.

❷ 손을 씻고 나서 밥을 먹으세요.

❸ 카메라를 가지고 오세요.

Hint
□ カメラ(かめら) 카메라

QA

Q. 日本(にほん)に 行(い)って 何(なに)が したいですか。

A.

실력UP 작문노트

1. 이번 시간에 배운 표현을 활용하여 다음 문장을 일본어로 만들어 보세요.

❶ 지금 교실에서 공부하고 있습니다.

❷ 아직 비가 오고 있나요?

❸ 요즘은 운동을 하고 있지 않습니다.

2. 힌트 단어들을 이용해서 다음 문장을 일본어로 만들어 보세요.

❶ 하얀 모자를 쓰고 있는 사람이 여동생입니다.

❷ 둥근 안경을 쓰고 있는 사람이 남동생입니다.

Hint
- □ 白(しろ)い 하얗다
- □ 丸(まる)い 둥글다

QA

Q. どこに 住(す)んで いますか。

A. ______

3. 다음 표현을 이용해 다음 문장을 일본어로 만들어 보세요.

ここで・ここに

❶ 여기에서 담배를 피워도 되나요?

❷ 여기에서 사진을 찍어서는 안 됩니다.

❸ 여기에다 쓰레기를 버려서는 안 됩니다.

4. 문장 형태에 유의하면서 다음 문장을 일본어로 만들어 보세요.

❶ 회사 근처에 있는 이자카야에서 마시고 있습니다.

❷ 바빠서 점심은 아직 안 먹었습니다.

❸ 잠깐 휴대폰을 빌려도 되나요?

QA

Q. 結婚(けっこん)して いますか。

A.

실력UP 작문노트

1. 이번 시간에 배운 표현을 활용하여 다음 문장을 일본어로 만들어 보세요.

❶ 들어오지 마세요.

❷ 매일 6시에 일어나야 합니다.

❸ 약은 먹지 않아도 됩니다.

2. 힌트 단어들을 이용해서 다음 문장을 일본어로 만들어 보세요.

❶ 수업 중이니까 휴대폰을 보지 마세요.

❷ 업무 중이니까 불을 끄지 마세요.

Hint
- □ ～ですから
  ～이니까
- □ 電気(でんき)を 消(け)す
  불을 끄다

QA

Q. 土曜日(どようび)も 会社(かいしゃ)(学校(がっこう))に 行(い)かなければ いけませんか。

A.

3. 다음 표현을 이용해 다음 문장을 일본어로 만들어 보세요.

～ないで

❶ 병원에 가지 않고 약을 먹었습니다.

❷ 샤워를 하지 않고 잤습니다.

❸ 손을 씻지 않고 화장실을 나왔습니다.

4. 문장 형태에 유의하면서 다음 문장을 일본어로 만들어 보세요.

❶ 내일은 내 생일이니까 잊지 마세요.

❷ 여권을 가지고 가야만 합니다.

❸ 내일은 쉬는 날이니까 회사에 가지 않아도 됩니다.

Hint
□ パスポート(ぱすぽーと) 여권

QA

Q. 社会人(しゃかいじん)は 何(なに)を しなければ いけませんか。

A.

Memo

실력UP 회화노트

자연스러운 소통을 위한 일본어 경어 표현을 익힙니다. 실제적인 경어 표현을 연습함으로써 한 단계 높은 회화 실력을 키울 수 있습니다.

CHAPTER 02

실력UP 회화노트

Track W02-01

A はじめまして。
永野(ながの)と 申(もう)します。

B はじめまして。大野(おおの)です。
よろしく お願(ねが)いします。

A こちらこそ よろしく お願(ねが)いします。

낱말과 표현

～と 申(もう)します ～라고 합니다.

A 처음 뵙겠습니다.

나가노라고 합니다.

B 처음 뵙겠습니다. 오노입니다.

잘 부탁드립니다.

A 저야말로 잘 부탁드립니다.

실력UP 회화노트

Track W03-01

A すみません、お弁当売り場は どこですか。

B お弁当売り場は 2階でございます。

A はい、東京銀行でございます。

B お世話に なって おります。
ソウル銀行の キムと 申します。

낱말과 표현

弁当 도시락 | 売り場 파는 곳(판매대) | どこ 어디 | ～階 ～층 | 銀行 은행 | ～でございます 입니다(=です) | お世話に なって おります 신세 지고 있습니다(비즈니스 전화에서 '안녕하세요'처럼 쓰는 인사)

A 실례합니다, 도시락 파는 곳이 어디죠?

B 도시락 판매대는 2층입니다.

A 네, 도쿄 은행입니다.

B 안녕하세요.
서울 은행의 김입니다.

실력UP 회화노트

Track W04-01

A お忙(いそが)しい ところ すみません。

B いえいえ、大丈夫(だいじょうぶ)です。

A 日本語(にほんご)が お上手(じょうず)ですね。

B いえいえ、まだまだです。

A 奥(おく)さま おきれいですね。

B いえいえ、そんな こと ないです。

낱말과 표현

お～ 명사, 형용사 등의 앞에 붙어 존경의 뜻을 덧붙이는 말 | 大丈夫(だいじょうぶ)だ 괜찮다 | 奥(おく)さま 부인, 사모님(남의 아내를 높여 부르는 말) | まだまだです 아직 멀었습니다(상대방의 칭찬에 겸손하게 답하는 말) | そんな こと ないです 그렇지도 않습니다

A 바쁘신 중에 죄송합니다.

B 아니요, 괜찮습니다.

A 일본어 잘하시네요.

B 아니요, 아직 멀었습니다.

A 사모님께서 아름다우시네요.

B 아니요, 그렇지도 않습니다.

CHAPTER 05

실력UP 회화노트

Track W05-01

A キム先生(きむせんせい) いらっしゃいますか。

B 先生(せんせい)は 今(いま) 授業中(じゅぎょうちゅう)です。

A 今年(ことし)の 夏休(なつやす)みは どちらへ いらっしゃいますか。

B 今年(ことし)は 忙(いそが)しくて どこへも・・・。

A 永野先生(ながのせんせい)の ご出身(しゅっしん)は どこですか。

B 先生(せんせい)は 東京(とうきょう)から いらっしゃいました。

낱말과 표현

いらっしゃる 계시다, 가시다, 오시다 | 授業中(じゅぎょうちゅう) 수업중 | 今年(ことし) 올해 | 夏休(なつやす)み 여름휴가, 여름방학 | ～へ (방향)～로, ～에 | ご～ 한자어 명사에 붙어 존경의 뜻을 덧붙이는 말 | 出身(しゅっしん) 출신, 출신지 | ～から ～부터, ～에서

A 김 선생님 계십니까?

B 선생님은 지금 수업 중입니다.

A 올 여름 휴가는 어디로 가십니까?

B 올해는 바빠서 아무 데도….

A 나가노 선생님은 출신지가 어디죠?

B 선생님은 도쿄에서 오셨습니다.

실력UP 회화노트

Track W06-01

A 会議室(かいぎしつ)から ご案内(あんない)します。

B じゃ、よろしく お願(ねが)いします。

A 何時(なんじ)ごろ お電話(でんわ)しましょうか。

B 4時(よじ)に お願(ねが)いします。

A どちらまで いらっしゃいますか。

B 渋谷駅(しぶやえき)まで お願(ねが)いします。

낱말과 표현

会議室(かいぎしつ) 회의실 | 案内(あんない) 안내 | 電話(でんわ) 전화 | ～まで ～까지

A 회의실부터 안내하겠습니다.

B 그럼 부탁드립니다.

A 몇 시쯤 전화드릴까요?

B 4시에 해 주세요.

A 어디까지 가십니까?

B 시부야 역까지 가 주세요.

CHAPTER 07

실력UP 회화노트

Track W07-01

A お薬(くすり)は お飲(の)みに なりましたか。

B はい、飲(の)みました。

A 何時(なんじ)ごろ お戻(もど)りに なりますか。

B 4時(よじ)には 戻(もど)ります。

A 昨日(きのう)も 地下鉄(ちかてつ)で お帰(かえ)りに なりましたか。

B いいえ、昨日(きのう)は タクシー(たくし)で 帰(かえ)りました。

낱말과 표현

お+【ます형】+に なる ~하시다 | 戻(もど)る (원래 있던 곳으로) 돌아가다, 돌아오다 | タクシー(たくし) 택시

A 약 드셨어요?

B 네 먹었습니다.

A 몇 시쯤 돌아오시나요?

B 4시에는 돌아옵니다.

A 어제도 지하철로 귀가하셨나요?

B 아니요, 어제는 택시로 집에 갔습니다.

실력UP 회화노트

Track W08-01

A お名前(なまえ)と ご住所(じゅうしょ)を お書(か)き ください。

B これで いいですか。

A どうぞ、お入(はい)り ください。

B お邪魔(じゃま)します。

A お熱(あつ)いですので、お気(き)を つけ ください。

B どうも。いただきます。

낱말과 표현

住所(じゅうしょ) 주소 | 入(はい)る 들어가다, 들어오다 | 熱(あつ)い 뜨겁다 | ~ので ~하므로, ~이니까 | 気(き)を つける 주의하다, 조심하다 | お邪魔(じゃま)します 실례합니다(남의 장소에 들어갈 때 하는 인사) | どうも 가볍게 감사를 전하는 표현

A 성함과 주소를 써 주십시오.

B 이렇게 하면 돼요?

A 어서 들어오세요.

B 실례하겠습니다.

A 뜨거우니 조심하십시오.

B 고맙습니다. 잘 먹겠습니다.

실력UP 회화노트

Track W09-01

A 9時ごろ 伺っても よろしいでしょうか。

B 9時は 予定が あって ちょっと・・・。

A こちらの お皿を
お下げしても よろしいでしょうか。

B ええ、お願いします。

A ご注文は 以上で よろしいでしょうか。

B ええ、お願いします。

낱말과 표현

伺う 찾아뵙다 | 予定 일정, 스케줄 | 下げる (상이나 접시 등을) 내리다, 물리다, 치우다 | 注文 주문 | 以上 이상 | よろしいでしょうか 괜찮으실까요?

A 9시쯤 찾아뵈어도 될까요?

B 9시는 일정이 있어서 좀…

A 이쪽의 접시를 치워 드려도 될까요?

B 네, 그렇게 해 주세요.

A 주문은 이걸로 충분하실까요?

B 네 그렇게 해 주세요.

실력UP 회화노트

Track W10-01

A お仕事は 何時からですか。

B ８時３０分までに 出社しなければ なりません。

A いつまで 日本に いらっしゃいますか。

B まだ 決まって いませんが、
来週の 火曜日までには 戻らなければ なりません。

낱말과 표현

出社 출근 | 決まる 결정되다, 정해지다

A 일은 몇 시부터예요?

B 8시 30분까지 출근해야 합니다.

A 언제까지 일본에 계세요?

B 아직 정해지지 않았지만,
다음 주 화요일까지는 돌아가야 합니다.

Memo

실력UP 단어노트

본책의 주요 단어들을 CHAPTER별로 정리하였습니다. 단어를 직접 써 보면서 암기하고, 평소에는 단어장으로도 활용해 보세요.

실력UP 단어노트

CHAPTER 02

- □ 明日(あした) 내일
- □ こちらこそ 저야말로
- □ 水曜日(すいようび) 수요일
- □ ～です ～입니다
- □ 来週(らいしゅう) 다음 주

CHAPTER 03

- □ いくら 얼마
- □ いつ 언제
- □ ～円(えん) ～엔
- □ 傘(かさ) 우산
- □ 昨日(きのう) 어제
- □ 今日(きょう) 오늘
- □ 靴(くつ) 구두, 신발
- □ ケータイ(けーたい) 휴대폰
- □ コーヒー(こーひー) 커피
- □ 財布(さいふ) 지갑

□ ～さん ～씨

□ 出張(しゅっちょう) 출장

□ 大学生(だいがくせい) 대학생

□ 誰(だれ) 누구

□ 何(なん) 무엇

□ ～は ～은/는

□ 帽子(ぼうし) 모자

□ めがね 안경

□ 休(やす)み 쉬는 날

□ ラーメン(らめん) (일본식) 라면

CHAPTER 04

□ 明(あか)るい 밝다

□ 秋(あき) 가을

□ 暖(あたた)かい 따뜻하다

□ 暑(あつ)い 덥다

□ 甘(あま)い 달다

□ あまり 별로

실력UP 단어노트

□ いい 좋다

□ 忙(いそが)しい 바쁘다

□ 一番(いちばん) 가장, 제일

□ 歌(うた) 노래

□ おいしい 맛있다

□ おもしろい 재미있다

□ 彼(かれ) 그, 남자 친구

□ 韓国料理(かんこくりょうり) 한국 요리

□ 簡単(かんたん)だ 쉽다, 간단하다

□ 気(き)さくだ 싹싹하다

□ キムチ(きむち) 김치

□ きれいだ 깨끗하다, 예쁘다

□ ケーキ(けえき) 케이크

□ 元気(げんき)だ 건강하다, 활발하다

□ 子(こ)ども 어린이, 아이

□ コンビニ(こんびに) 편의점

□ 刺身(さしみ) 회

□ 寒(さむ)い 춥다

□ 静(しず)かだ 조용하다

□ 宿題(しゅくだい) 숙제

□ 上手(じょうず)だ 잘하다, 능숙하다

□ 焼酎(しょうちゅう) 소주

□ 上品(じょうひん)だ 품위가 있다, 우아하다

□ 丈夫(じょうぶ)だ 튼튼하다, 건강하다

□ 好(す)きだ 좋아하다

□ 寿司(すし) 초밥

□ 涼(すず)しい 선선하다

□ 素敵(すてき)だ 멋있다

□ ソウル(そうる) 서울

□ 大変(たいへん)だ 힘들다, 큰일이다

□ 高(たか)い 비싸다

□ 楽(たの)しい 즐겁다

□ タバコ(たばこ) 담배

□ チョコレートケーキ(ちょこれーとけーき) 초콜릿 케이크

□ 天気(てんき) 날씨

□ トイレ(といれ) 화장실

실력UP 단어노트

- □ 東京(とうきょう) 도쿄
- □ とても 매우, 아주
- □ どんな 어떤
- □ 夏(なつ) 여름
- □ にぎやかだ 번화하다
- □ 日本(にほん) 일본
- □ 日本料理(にほんりょうり) 일본 요리
- □ 春(はる) 봄
- □ ビール(びーる) 맥주
- □ 引(ひ)っ越(こ)し 이사
- □ 人(ひと) 사람
- □ 暇(ひま)だ 한가하다
- □ 冬(ふゆ) 겨울
- □ ブラックコーヒー(ぶらっくこーひー) 블랙 커피
- □ 弁当(べんとう) 도시락
- □ 便利(べんり)だ 편리하다
- □ 本当(ほんとう)に 정말로
- □ 真面目(まじめ)だ 성실하다

- □ 難しい(むずか) 어렵다
- □ もの 것
- □ 優しい(やさ) 다정하다
- □ 安い(やす) 싸다
- □ 有名だ(ゆうめい) 유명하다
- □ 旅行(りょこう) 여행

CHAPTER 05

- □ 会う(あ) 만나다
- □ 朝ごはん(あさ) 아침밥
- □ ある 있다
- □ 行く(い) 가다
- □ 居酒屋(いざかや) 이자카야
- □ 椅子(いす) 의자
- □ 今(いま) 지금
- □ いる 있다
- □ うそを つく 거짓말을 하다
- □ 運動(うんどう) 운동

실력UP 단어노트

- □ 起(お)きる 일어나다
- □ ～が ～이/가, ～이지만
- □ 買(か)う 사다
- □ 帰(かえ)る 귀가하다
- □ 学生(がくせい) 학생
- □ 学校(がっこう) 학교
- □ 聞(き)く 듣다
- □ 嫌(きら)いだ 싫어하다
- □ 来(く)る 오다
- □ 公園(こうえん) 공원
- □ 時間(じかん) 시간
- □ 下(した) 아래
- □ 吸(す)う 피우다
- □ する 하다
- □ 全然(ぜんぜん) 전혀
- □ たいてい 대체로
- □ 食(た)べる 먹다
- □ 机(つくえ) 책상

- □ ～で ～으로(수단)
- □ テーブル(てぶる) 테이블
- □ 出(で)る 나오다, 나가다
- □ テレビ(てれび) 텔레비전
- □ 時々(ときどき) 가끔
- □ 時計(とけい) 시계
- □ 何(なに) 무엇
- □ ～に ～에(위치, 목적지)
- □ ～人(にん) ～명
- □ 猫(ねこ) 고양이
- □ ネット(ねっと) 인터넷
- □ 寝(ね)る 자다
- □ 飲(の)む 마시다
- □ バス(ばす) 버스
- □ パソコン(ぱそこん) 컴퓨터
- □ 花(はな) 꽃
- □ 話(はな)す 이야기하다
- □ 一人(ひとり) 한 명

실력UP 단어노트

- □ ベッド(べっど) 침대
- □ 部屋(へや) 방
- □ ほう 쪽, 편
- □ 毎日(まいにち) 매일
- □ 前(まえ) 앞
- □ まだ 아직
- □ ～まで ～까지
- □ 見る(み) 보다
- □ 約束(やくそく) 약속
- □ 読む(よ) 읽다
- □ 分かる(わ) 알다
- □ ～を ～을/를

CHAPTER 06

- □ ～後(あと) ～후에, 나중에
- □ 家(いえ) 집
- □ 一緒に(いっしょ) 함께
- □ 運転(うんてん) 운전

- □ 映画館(えいがかん) 영화관
- □ 駅(えき) 역
- □ お昼(ひる) 점심, 점심밥
- □ 音楽(おんがく) 음악
- □ ～階(かい) ～층
- □ 会議(かいぎ) 회의
- □ 買(か)い物(もの) 쇼핑
- □ カフェ(かふぇ) 카페
- □ カンナム(かんなむ) 강남
- □ ～ごろ ～즈음
- □ 仕事(しごと) 일
- □ ～時(じ) ～시
- □ ジム(じむ) 피트니스 센터
- □ 親戚(しんせき) 친척
- □ スタバ(すたば) 스타벅스
- □ 近(ちか)く 근처
- □ 地下鉄(ちかてつ) 지하철
- □ ～で ～에서(장소)

실력UP 단어노트

□ デパート(でぱーと) 백화점

□ ～と ～와/과

□ ～なら ～라면

□ 日本語学校(にほんごがっこう) 일본어 학원

□ 晩ごはん(ばん) 저녁밥

□ ビル(びる) 빌딩

□ 勉強(べんきょう) 공부

□ 本屋(ほんや) 서점

□ マック(まっく) 맥도널드

□ 休む(やす) 쉬다

CHAPTER 07

□ アイスコーヒー(あいすこーひー) 아이스커피

□ 温かい(あたた) 따뜻하다

□ 新しい(あたら) 새롭다

□ 洗う(あら) 씻다

□ インターネット(いんたーねっと) 인터넷

□ お金(かね) 돈

□ 顔(かお) 얼굴

□ ～から ~부터

□ カレー(かれー) 카레

□ クリスマス(くりすます) 크리스마스

□ 今朝(けさ) 오늘 아침

□ 今週末(こんしゅうまつ) 이번 주말

□ 今度(こんど) 이번, 다음

□ シャワー(しゃわー)を 浴(あ)びる 샤워를 하다

□ ずっと 계속

□ スニーカー(すにーかー) 운동화

□ スマホ(すまほ) 스마트폰

□ 時(とき) 때

□ 何(なん)でも 뭐든지

□ ノートパソコン(のーとぱそこん) 노트북

□ ポケット(ぽけっと) 주머니

□ ホラー(ほらー)映画(えいが) 공포 영화

□ 遊園地(ゆうえんち) 놀이공원

□ 夕(ゆう)べ 지난밤, 어젯밤

실력UP 단어노트

□ ゆっくり 푹, 여유 있게

□ 楽だ(らくだ) 편하다

CHAPTER 08

□ 遊ぶ(あそぶ) 놀다

□ 歩く(あるく) 걷다

□ 一杯(いっぱい) 한 잔

□ お皿(おさら) 접시

□ 教える(おしえる) 가르치다

□ お水(おみず) 물

□ 片付ける(かたづける) 정리하다

□ 薬を飲む(くすりをのむ) 약을 먹다

□ 声(こえ) 목소리

□ シャーペン(しゃーぺん) 샤프펜슬

□ すぐ 곧바로

□ だめだ 안 된다

□ 手(て) 손

□ 手伝う(てつだう) 돕다

□ ドライブ(どらいぶ) 드라이브

□ 並べる(なら) 나란히 놓다

□ 歯(は)を みがく 이를 닦다

□ ページ(ぺじ) 페이지

□ ペン(ぺん) 펜

□ まず 일단

□ 待つ(ま) 기다리다

□ 持つ(も) 들다, 가지다

CHAPTER 09

□ 兄(あに) (나의) 오빠, 형

□ 姉(あね) (나의) 언니, 누나

□ 雨(あめ)が 降る(ふ) 비가 오다

□ 妹(いもうと) (나의) 여동생

□ うちの～ 우리~

□ 置く(お) 두다, 놓다

□ 夫(おっと) 남편

□ 弟(おとうと) (나의) 남동생

실력UP 단어노트

- □ 泳(およ)ぐ 수영하다
- □ 彼女(かのじょ) 그녀, 여자 친구
- □ かぶる (모자 등을) 쓰다
- □ 借(か)りる 빌리다
- □ 車(くるま) 자동차
- □ 結婚(けっこん)する 결혼하다
- □ ゴミ(ごみ) 쓰레기
- □ 最近(さいきん) 최근
- □ ジーンズ(じんず) 청바지
- □ ジャケット(じゃけっと) 재킷
- □ 写真(しゃしん)を 撮(と)る 사진을 찍다
- □ 新聞(しんぶん) 신문
- □ スーツ(すつ) 양복
- □ 捨(す)てる 버리다
- □ 父(ちち) (나의) 아버지
- □ ちょっと 조금, 잠깐
- □ 作(つく)る 만들다
- □ 電話(でんわ)を かける 전화를 걸다

□ 止(と)める 세우다

□ 荷物(にもつ) 짐

□ 脱(ぬ)ぐ 벗다

□ 入(はい)る 들어가다, 들어오다

□ 働(はたら)く 일하다

□ 母(はは) (나의) 어머니

□ 晴(は)れ 맑음

□ めがねを かける 안경을 쓰다

□ ワンピース(わんぴーす) 원피스

CHAPTER 10

□ 入(い)れる 넣다

□ お金(かね)を 下(お)ろす 돈을 인출하다

□ お昼休(ひるやす)み 점심시간

□ 風邪(かぜ) 감기

□ 学期(がっき) 학기

□ ~から ~때문에

□ 消(け)す 끄다, 지우다

실력UP 단어노트

□ 原作(げんさく) 원작

□ ゴミ箱(ごみばこ) 쓰레기통

□ 出社(しゅっしゃ) 출근

□ シロップ(しろっぷ) 시럽

□ 心配だ(しんぱい) 걱정이다, 걱정하다

□ スーパー(すーぱー) 슈퍼마켓

□ 掃除(そうじ) 청소

□ ～代(だい) ～값

□ つける (전원을) 켜다

□ 出(で)かける 외출하다

□ テスト(てすと) 테스트

□ 治(なお)る 낫다

□ 日記(にっき) 일기

□ 入院(にゅういん) 입원

□ 早(はや)く 일찍

□ 払(はら)う 지불하다

□ 病院(びょういん) 병원

□ 毎週(まいしゅう) 매주

□ 毎月(まいつき) 매달

□ もう 이제, 벌써

□ 戻る(もどる) 돌아가다, 돌아오다

□ 予約(よやく) 예약

□ レストラン(れすとらん) 레스토랑

□ レポート(れぽーと) 리포트

□ 忘れる(わすれる) 잊다

Memo